布が語るラオス

伝統スカート「シン」と染織文化

木村 都　ヴィエンカム・ナンサヴォンドァンシィ　共著

制服のシンを穿いた小学生
（フアパン県サム・タイ）

木綿のシンを穿いた村の女性（フアパン県）

さまざまな民族衣装で踊る少女たち

新品の自転車と（ウドンサイ）

親子３代での外出

水汲みは日常仕事

はじめに

人が人と、そして自然と、当たり前につながっているラオスの生活。

そんな大地に降り立つと、ほっとした安心感と同時に開放感が体にゆっくりと沁み込んできます。

長くラオスと付き合いながら、そのことに気づいたのはかなり経ってからでした。

ゆったりとしたこの開放感、その原点を手織りの伝統スカートからのぞいてみました。

著者を代表して　木村　都

もくじ

制作協力
シン撮影（日本）＝伊藤 守
シン着用モデル（日本）＝彦根 愛
シン写真提供（ラオス）＝ペンマイ工房／ヴィエンカム・ナンサヴォンドァンシィ
現地スナップ写真＝ミアザ／木村 都

カバーデザイン＝藤田 瑞穂
本文組版＝吉岡 宏之（進栄堂出版）

布が語るラオス

―伝統スカート「シン」と染織文化―

ラオス・テキスタイル・フェスティバル（2003年）の受賞作品

染織からのぞいたラオス

スカートに象徴される
ラオス人の心

ラオス・ビエンチャンの空港に降り立ち、独特のスカートに身を包んだ優しげな物腰の女性を見たときが、ラオスに着いたと思える瞬間かもしれません。初めて目にする繊細で優雅な装いの女性たちから、ラオスの人々の人柄や穏やかな生活が想像できそうな気がしてきます。

　そのスカートには、豪華な金糸・銀糸が織り込んであるもの、鮮やかな伝統模様が織り込まれたものなど、近づいて眺め入ってしまいたくなるものが少なくありません。ラオ

多民族国家ラオスで発行されている
さまざまな民族の切手

スの女性がずっと遠い昔から、変わらずに身に着けていた装いです。
　いつ頃からかわかりませんが、ラオスの女性は自分たちが穿《は》くこの筒型スカートを「シン」と呼んできました。一枚の布を輪のように縫い合わせ、その中に体を入れ、腰にぴったりと巻き付けて穿くシンプルなデザインです。

　多民族国家ラオスには、70ほどの民族がいるといわれています。筒型スカート「シン」は、その中で最多の人口を占めるタイ・ラオ系民族の女性たちの共通の装いです。歴史を超え、身分に関係なく穿かれてきたシン。この伝統の織り布は、その民族の生活、そして文化とどのように関わりながら、今も穿き続けられているのでしょうか？

水牛をモチーフにしたアンティック布。
ドア用カーテンと思われる

家々の外に祀《まつ》られている精霊の家。大地や家を守るとされる

人の誕生から死まで包み込む布文化

さて、私たち日本人はラオスについて何を思い浮かべるでしょう。

考えても何も思い浮かばない人も多いかもしれません。実際、ラオスは何もないところが魅力だ、という人さえいるのです。

それでも、どこかで出会った手織り布をふと思い出す人がいるかもしれません。心惹かれた布のタグを見たら「ラオス」と書かれていたとか。それ以来、布の印象が心に残っている人もいるのではないでしょうか。

ラオスの染織の歴史は2000年以上も遡《さかのぼ》り、昔ながらのやり方で織り布が手で織られてきました。そして、織り布は、人が生まれ、結婚し、死ぬまで、日常生活の中で欠くことのできない役割と意味を持って使われてきました。ラオスほど染織というものが生活や文化に大きく影響したところは少ないかもしれません。

たとえば、なんでもない無地の木綿で作られた赤ん坊のおくるみの布にさえ、宗教的な背景が見えます。この布は、隠れてひっそりと裁断しなければいけないといわれてきました。これは、子供が生まれることを悪霊（ピー・ハーイ）に知られると、赤ん坊の魂を抜き取られてしまうという昔からの言い伝えがあるからです。

最近は市場で仕上がったおくるみを買うことが多くなり、この母親の手仕事は実生活から離れつつあります。それでも言い伝えだけは語り続けられ、ピーと呼ばれる精霊信仰はいまだに生活の中に生き続けているように思えます。

おくるみが誕生に関わる布だとするなら、死に関わる布として、タイ・デーン族（赤タイ）の女性が亡くなったときに穿くシン・ファ・ヴァンと呼ばれるシンがあります。これを穿いていれば天国の門を通してもらえ、残した家族に天国から幸運を贈れるといわれているものです。解釈はいろいろできますが、女性とシンの深い関係や、ラオス人の家族愛が読み取れます。

以上は、織り布がいかに生活に深く関わってきたかの一例でしかありませんが、ラオスの人々や社会を知るうえで、伝統の一枚の布から知り得るものは少なくありません。ここでは、染織の中でも女性に最も身近な筒型スカート・シンを通して、ラオスの世界へ踏み入っていこうと思います。

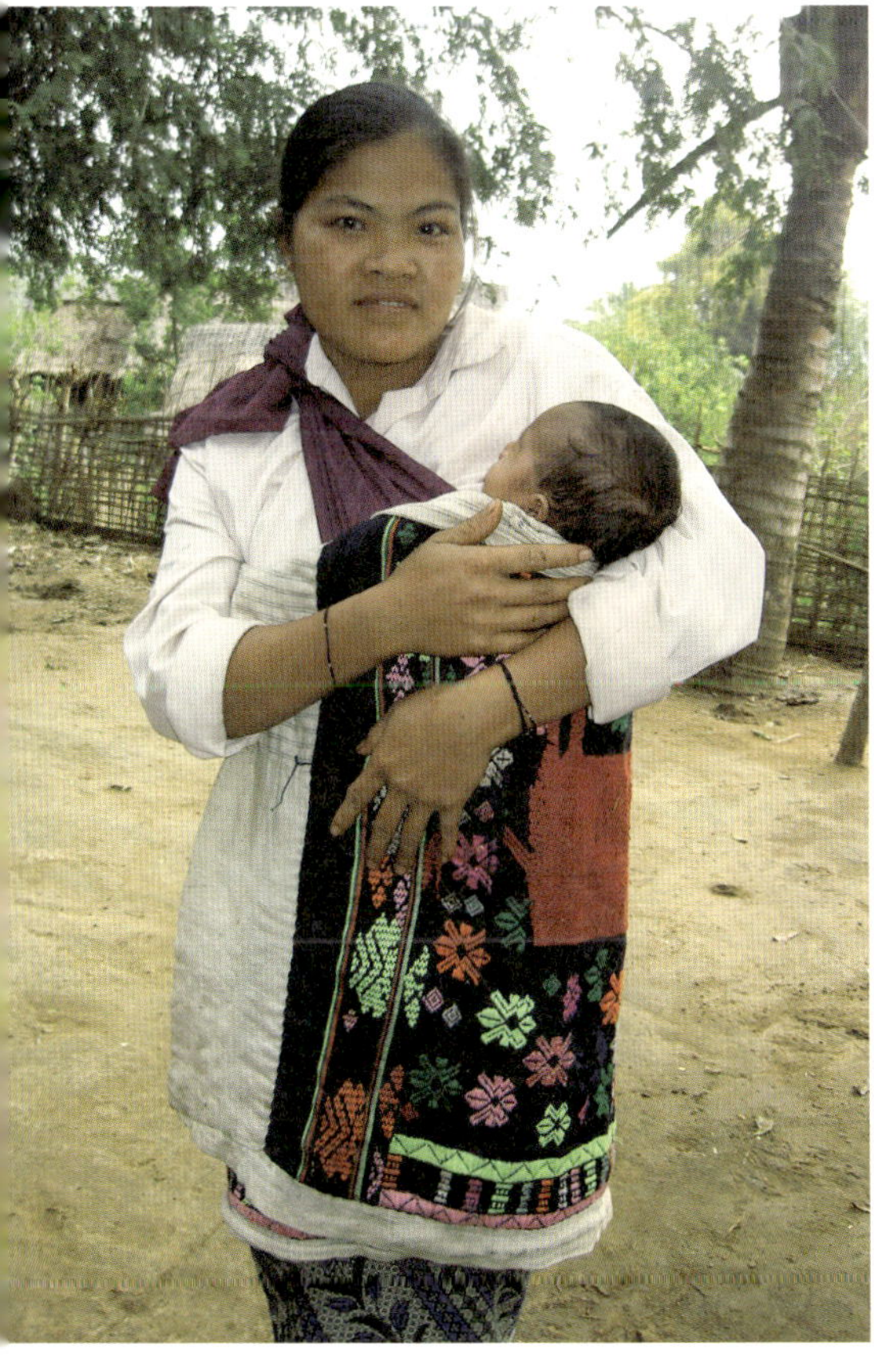

手織りのブランケットに包まれた赤ん坊
（フアパン県サム・タイ）

シンとラオスの女性

織り手としての技量が女性の価値を高める

ラオスの女性がいつ頃からシンを穿き始めたのかははっきりしていません。そもそも筒型という形は、一枚の布を装うときに自然発生的に出てくる方法であり、その起源を特定することは難しいのかもしれません。そして、このシンプルなデザインの上に、多様な民族がモチーフやその色・配置などで民族独自の異なる染織文化を作ってきました。

ラオスの女の子は、物心がついたときには既にシンを穿いています。女性にとって、シンは一生穿き続けることが当然とされる装いなのです。このシンは、身内からもらったり、自分で織ったり、贈られたりしながら少しずつ増えていきます。

本書の共著者である染織家のヴィエンカムが最初にシンを織ったのは、10歳のときだったと聞いています。彼女は5歳から織りを始めていますが、この歳の子にとっては、父親が作ってくれる織り機は、おもちゃに代わる楽しい遊び道具なのです。

祖母や母を教師に、幅の狭い布から始め、徐々に織り幅の広い布を織り、染めや織りの技術を覚え、一人前の織り手になっていきます。

昔ほどではありませんが、今でも布は物々交換に使われ、美しい布は貴重なものとされています。そのため、織りに優れた娘は嫁として歓迎され、その技量が容姿よりも尊重されてきました。

やはりヴィエンカムが「自分の母親は美人ではないが、織りが大変得意だったので父親と結婚できた」と語ったことがあります。私も知る彼女の母親は、確かにがっちりとした印象の、とてもしっかりとした女性でした。一方、若くして亡くなった父親は、写真で知るだけですが好男子に見えます。その夫亡き後、ヴィエンカムの母親は優れた織りの才能で一家を支えてきたのです。

２人の肩掛けバッグの中身は学用品

また、タイ・プァン（Tai Phuan）族の肩掛けバッグにまつわる話も、優れた織り手が尊重されてきたことを伝えています。タイ・プァン族の娘たちには、好きな青年に赤い布の肩掛けバッグを贈る習慣がありました。その布バッグの中には煮た鶏を入れておきます。青年が持ち帰ると、両親は鶏の太り具合から家事の能力を、布バッグの出来から織りの技量を推し測り、嫁として適しているかを決めたといいます。

ラオスの人たちには、穿いているシンからその女性がどんな人なのかがわかるとされています。織りの巧拙はもちろんのこと、民族や地域の特徴に加え、気立てのよさ、趣味のよさ、育ちのよさ、好みの傾向に至るまで布が語ってくれるといいます。つやのある上質な糸で、繊細な鮮やかな模様が織り込まれたシンを着ていれば、良家で育った明るい積極的な娘と思われます。糸を濃く染めたり繊細な模様を織ったりするのは、その娘の積極的な性格に加え、お金と時間に余裕のある豊かな家庭でなければ難しいことでした。このように、シンから持ち主の人柄や社会的環境まで読み取ったのです。

伝統的なビエンチャン・スタイルのシン。小さな絣模様が特徴

絣模様の拡大

このような環境の中で、女性たちは織りの技術を磨き、ラオスの染織はますます繊細で意味のあるものになっていったのでしょう。

土地・民族の独自性が薄まり装いが多様に

しかし、シンが表していたこの特徴も、ラオスの内戦（＊1）の間に変わってきました。

内戦で、布を織り続けることが困難になり、人々は住み慣れた村を離れていきました。その結果、その土地で長い間伝えられてきた染織が消えていきました。そのうえ、移り住んだ土地では織り機がなかったり、師となる人々もいなかったり、また他民族との出会いの影響などもあって、これまで布が表していた、土地、民族、家々のアイデンティティーが消えていきました。

ヴィエンカムのルーツはラオス北部のサムヌアに定住していたタイ・デーン族で、色鮮やかな動植物模様などのシンを穿く民族でしたが、内戦によってビエンチャンに逃れてきました。その当時のビエンチャンの街で見かけるシンは、落ち着いたデザインの、いわゆる伝統的なビエンチャン・スタイルのシンでした。街には彼女のような鮮やかな模様のサムヌア・スタイルのシンを穿いている女性はいませんでした。

ところが、人々が地方から内戦を逃れてビエンチャンに集まるようになると、いろいろな民族のシンの装いが街に現れ、そこから新しい流行が生まれるようになりました。

その結果、これまでの地域・民族的な独自性は失われましたが、今ではビエンチャンで、民族・地域に関わりなく、さまざまなデザインのシンを楽しむ姿が見られます。

一方、最近はパンツやスカートなどの洋装の女性をビエンチャンなどの都市部で目にすることが多くなりました。女性の社会進出が進み、隣国からのモノや情報があふれるにつれ、ますますこの傾向は進んでいます。

娘たちがシンを穿き続けてきた理由の一つとして、祖母や母が望んでいたということもあります。伝統を重んじてきた世代の人々が少なくなってきたことも、洋装への移行を進めている一因かもしれません。

また最近は、自分では織らずに、買ったシンを穿いている女性が多くなりました。それでもシンへの情熱あるまなざしに出会うと、美しいシンへの憧れは今も変わっていないように見えます。

込み入った織りに特徴があるサムヌア地方のシン

シンは、女生徒の制服や官庁で働く女性の決まりとして、これからも穿かれていくでしょう。しかし、今後も民族の誇りとして、そして自分を表現する服として受け継がれていくのでしょうか。それとも、今までとは違った、たとえば、冠婚葬祭などの装いとして落ち着いていくのでしょうか。ますます急速に変化していく環境の中で、シンの装いは、今後のラオス女性の生き方を映し出していくことでしょう。

＊1　ラオスの内戦：1950年頃から始まった王国政府とラオス愛国戦線（パテート・ラーオ／Pathet Lao）の対立にソビエト連邦とアメリカがからみ、1975年の無血革命まで続いた。この間に北部ラオスはアメリカの激しい空爆にみまわれ、その爆弾の跡は今もジャール平原に残っている。また、このとき落とされた不発弾による事故が今も起こっている。

シンと生活文化

女性の美しさを象徴するシン

ラオスでは誰もが知る、ランサーン王国時代（＊2）の叙事詩「タオ・フン・タオ・チュアン」（＊3）に、「あちらこちらの赤いウエスト布のシンを穿いた女たちが、とても美しく見える」とあります。色とりどりのシンを穿いた女性たち、その大勢の姿の中で、鮮やかな赤色のウエスト布が目にまぶしく映ったのでしょう。シンを穿いた女性たちを美しい光景として歌った歌です。

シンは、恋歌にも多く歌われています。

「赤いウエスト布のシンを穿いている貴女《あなた》、私の嫁になって、子豚（＊4）にエサをあげてほしい。コム川で水汲みをしている絣《かすり》のシンを穿いている貴女、私の嫁になってほしい」

シンを穿いた美しい女性を目の前にし、その気持ちを素朴に歌ったものです。

どちらもシンを歌うことで、情景を鮮やかに浮き出させています。

お守りとなり呪文を解き天国の門をも開く

シンに関わる言い伝えやことわざも数多く見られます。

女性は男の子を生んだとき、その出産時に穿いていたシンの布を少し裂き、大切に保管しておきました。そして、息子が遠く旅立つときや戦いに行くときに、この布をお守りとして持たせ、息子の無事を祈ったのです。

また、安産だった女性が妊娠中に穿いたシンは、安産のお守りとして

赤いウエスト布のシン

身内や友人の間で今も変わらず穿き回されています。

そのほか、穿かれたシンは呪文を解くとも信じられています。たとえば、突然病気になったり、一目ぼれに陥ったりするのは、誰かがかけたまじないのせいとされます。このようなときは、すでに穿かれたシンを頭にかけたり、頭の上に吊るしたりすると、その人にかけられていたまじないが解けるといわれています。

タイ・デーン族には重病に陥ったときにシャーマンが行うブン・キン・クム（Boun Kin Kum）という儀式があります。病人の魂を呼び戻すものので、一生に一、二度しか出会わない珍しい儀式です。

その際、シャーマンはまず、儀式

ラオスの国花チャンパの木と豚の親子

を助け、無事に進めるため、男女の子供を一人ずつ選びます。男の子は上着とズボン、女の子は上着とシンを何枚も穿きます。シャーマンの占いで生贄《いけにえ》にする水牛が雄と出た場合は7枚ずつ、雌の場合は9枚ずつを重ねて穿かせます。何枚もの衣服やシンを穿くのは、たくさんの布や織り模様が悪霊の目を欺《あざむ》き、その儀式に参加する人々を悪霊から守るとされているためです。

　前述したシン・ファ・ブァンと呼ばれるタイ・デーンの女性が亡くなったときに身に着けるシンがあります（写真）。ウエスト布に白と黒の模様があるのがこのシンの特徴です。天国の門番は、このシンを身に着けていれば、門を開けてくれます。天国の門をくぐると、黄金の実を付けているマンゴの木があり、その黄金の実をもいで手に取ったとき、幸運や健康などが、その女性の遺《のこ》した家族に届けられるといわれています。この特別なシンは、家族を気遣《きづか》う女性のシンボルとなっているようですが、女性は亡くなった後も家族に尽くすことを期待されている存在ともいえそうです。

シン・ファ・ブァン（Sinh Hua Bouan）
ウエスト布には白と黒の幾何学模様が織られている

愛を伝える手段として用いられてきたシン

　また、女性にとってのシンは、穿く以外にも慣習の中でいろいろな役割に使われてきました。その一つに「シンに問う（Asking Sinh）」という儀式があります。これは婚約前の儀式で、婿《むこ》側の家族が老爺《ろうや》に伴われ、嫁にしたい娘の家を次のような「問うための品」を持って訪問するというものです。

・シン2枚
・ビンロウの実2つ
・ビルマ・マホガニー（チューイングツリー／Chewing Tree）の樹皮と葉1袋ずつ（＊5）
・塩2パック（塩は、会話を順調にするといわれています）。
・木綿《もめん》の布2Va（＝4m、Vaはラオスの測定単位で1Va＝2m）
・銀の腕輪2個
・ラオラオ（もち米を使った蒸留酒）1瓶

この中で、シンは最も重要な役割を担うもので、娘の母親がそれを穿けば、婚約を受け入れたということになりました。シンを身に着けることで、親が婚約を承認したという優雅な儀式です。

これは、ラオスの人々の間で、シンが昔から「愛を伝えるもの」として捉《とら》えられてきたことに通じるものがあるそうです。若者は愛と敬意を示すために年長者へ、男性は親愛のしるしとして妻や恋人へ、そして真の友情を示すために友へとシンを贈ってきました。

今後もシンがこれまでのような役割を演じていくかどうかはわかりませんが、シンへの憧れがラオスの女性から失われない限り、このような象徴的な役目が簡単には消えることはないように思えます。

＊2　ランサーン王国：1353年に創建されたラオス最初の王朝。初代のファー・グム王は都をルアンパバーン（現在、世界遺産となっている古都）に置き、小乗仏教を広める。1560年にセタティラート王がビエンチャンに都を移し、小乗仏教文化の最盛を迎える。ランサーン王国は1707年ルアンパバーン王国とビエンチャン王国に分裂するまで続く。

＊3　タオ・フン・タオ・チュアン（Thao Hung Thao Cheuang）：少なくとも650年以上前に書かれた代表的なラオスの古典文学。

＊4　子豚：ラオスでは、高床式の家の床下付近で放し飼いになっている親豚と子豚をよく目にする。これらの豚や鶏などの家畜の飼育は、昔から女性の仕事とされてきた。

＊5　ビルマ・マホガニー：この樹皮と石灰を葉に包んで噛《か》む、女性の「噛む」嗜好品として用いられる。樹皮は茶色に染める染色材としても使われる。

シンの形

3つの部分に分かれてデザインされている

シンは、ウエスト、ボディー（中央部）、すそに相当するそれぞれの布を縫い合わせてから、筒状に縫って作ります。

すそとボディー布が一枚の布として一緒に織られているシンもありますが、デザインとしては3つの部分に分かれています。

このそれぞれの部分を、ラオス語では、フア・シン、プン・シン、ティーン・シンと呼びます。本書では、それぞれウエスト布、ボディー布、すそ布と呼ぶことにします。

ウエスト布（フア・シン）

フア・シンの「フア」は、ラオス語で「頭」の意味です。ウエストに締め付ける布地は用途上、最も傷《いた》みやすい部分です。そのため、ウエスト布を別布としてボディー布に縫い付け、ボディー本体の布地が傷まないようにしてあります。

普通は幅20㎝前後の帯状の布ですが、胸の上の部分で巻き付け、留める場合もありました。この場合、布幅は30～50㎝の幅広になり、1枚だけではなく2～3枚を縫い合わせることもあります。この胸で留めるスタイルは、フランスの統治後、その影響で少なくなりました。

ウエスト布は、古くなると別の布に変えたり、そのシンの持ち主が変わったときに替えたりします。多くは木綿の布ですが、正装用にはシルクも使われ、ビエンチャン、ルアンパバーンなどの都会では、輸入した金糸・銀糸を使った上質なものもあります。

シンのつくり

ウエスト布
Houa Sinh
(waistband)
ボディー布
Pheun Sinh
(body)
すそ布
Tiin Sinh
(hem)

ほとんどが無地の平織りですが、正装用や特別な儀式用のシンには、ストライプや絣《かすり》、緯紋《よこもん》や経紋《たてもん》織りで織られたウエスト布が付いています。

ボディー布（プン・シン）

プン・シンの「プン」は「体」の意味で、シンの大部分を占めている布です。

シンの中心となるこの中央部のボディー布は織り幅70～80cmで、長さ160～180cmほどの織り布が使われます。

筒状にするときは、布の両端を縫い合わせたり（経糸《たていと》が輪状になる）、布の長さを半分に切り、2枚それぞれの織り端を縫い合わせて、二つの継ぎ目で筒状にしたり（緯糸《よこいと》が輪状になる）します。

ボディー布にはいろいろな織りのテクニックが使われ、緯糸紋織《よこいともんお》り（緯糸で模様を作る）、経糸紋織《たていともんお》り（経糸で模様を作る）、絣織り、綴《つづ》れ織り、杢糸《もくいと》を使った織りなど、民族、地域によりさまざまな特徴が織り込まれています。

すそ布（ティーン・シン）

ティーン・シンの「ティーン」は「足」の意で、すその部分の布を指します。すそ布もボディー布に縫い付けられますが、ウエスト布と同じようにボディー布を傷めないように保護する役目をしています。

丈は、短いものは5cmほどから長いものは60cmぐらいまで、デザインや身長に合わせて変わります。細長く織り、1箇所を縫って輪状にするもの（緯糸が輪状になる）と、幅広に織り、布の長さを半分に切って2箇所を縫って輪状にするもの（経糸が輪状になる）があります。

すその布を織るときは、太目の糸や撚《よ》りがよくかかった糸を使い、筬《おさ》でしっかり打ち込み、厚みのある密な布に織り上げます。この厚い布は、歩いたときにまとわりつかずにきれいなドレープを作る役目をします。

ボディー布とすそ布を別々に織らず、一緒に1枚の布として織ることもありますが、その場合もデザインはボディーとすそに分かれています。すそ布の色や模様からも、どこのどの民族が織ったのかがわかるとされています。

本書カバー写真のシン・ミー・タ・ナク（Sinh Mii Ta Nak）、タイ・テーン族。ボディー布に絣模様（水蛇）と緯紋が帯状に縦に織られているのが特徴

シンの種類と呼び方

シンは、織りの技法、織り模様、生産地や民族などの特徴によって、さまざまな名前で呼ばれています。これは、日本の着物が、技法によって小紋《こもん》や友禅《ゆうぜん》など、生産地によって大島《おおしま》や結城《ゆうき》など、デザインによって紋付《もんつき》や留袖《とめそで》などと呼ばれているのに似ています。

ここでは、わかりやすいように、シンの種類を、①織りの技法　②デザインの特徴　③民族的な特徴　④素材の4つの観点で分類し、名称を表に整理してみました（28〜29ページ参照）。シンの名称は、「シン」という言葉のあとに、その特徴を表す表現を付け加えて呼びます。

織りの技法による呼び名

シンの布には、さまざまな織りの技法が使われています。これは、使われている織りの技法名を付け加えた呼び方です。

この場合、ボディー布に着目した呼び名と、すそ布に着目した呼び名があります。

たとえば、ボディー布が絣《かすり》織《お》りで織られていれば、絣のラオス語「ミー」を後ろに付けてシン・ミーと呼びます。また、すそ布に着目したとき、それが色とりどりの緯糸紋《よこいともん》織《お》り「チョック」で織られていれば、そのシンは「シン・ティーン・チョック」と呼ばれます。

デザインによる呼び名

シンの布に見られるデザイン上の特徴を加えて呼ぶ方法です。ウエスト布、ボディー布、すそ布、それぞれに着目したものがあります。

たとえば、ウエスト布に虹のような色使いの縦縞《たてじま》模様のあるシンは、シン・アエル・カイと呼ばれています。これは、ラオス語で「アエル」はウエスト、「カイ」は虹の意味を表すことから来ています。

ボディー布が縦縞模様のシンは、「縦縞」のラオス語「カン」を付けて「シン・カン」と呼び、「横縞《よこじま》」ならば、それを表すラオス語「カーン」を付けて「シン・カーン」と呼びます。

また、すそ布が黒いシンを、黒い色を意味するラオス語「ダム」を付けてシン・ティーン・ダムと呼ぶケースなどがこの例です。

民族・地域的特徴による呼び名

民族や地域による特徴で呼ぶものもあります。

民族名を付けて呼ばれているものに、タイ・ルー族のシン・ルー、地域的なものには、サムヌア地方（フアパン県）のノエ川沿いで見られ、多色の色使いに特徴があるシン・タイ・ナム・ノエなどがあります。

素材による呼び名

シンに使われている布の素材名を後ろに付けて呼ぶ呼び方です。

木綿《もめん》製のシンは「綿」に当たるラオス語「ファイ」を付けて「シン・ファイ」と呼び、シルクのものであれば「絹《きぬ》」のラオス語「マイ」を付けて「シン・マイ」となります。

シン・マイに金糸が使ってあれば、さらに金のラオス語「カム」を加えて「シン・マイ・カム」となります。

以上は、それぞれ単一の特徴に着目したときの基本的な区分で、実際には、複数の特徴を組み合わせた呼び名が使われている場合も多く見られます。

特徴
絣織りで織られたシン
経糸紋織り（ムック）が使われているシン
多色使いの緯糸紋織りで織られたシン
単色使いの緯糸紋織りで織られたシン
杢糸を使った平織りで織られたシン
ボディー布と一体になったすそに刺繍が施してあるシン
高機だが筬を使わずに刀杼で打ち込んで織られたすそ布が付いたシン
すそが単色の緯糸紋織りのシン
多色使いの緯糸紋織りのすそが付いたタイ・ルー民族のシン
多色の経糸と単色の緯糸を使い平織りで織られたシン（経糸の色が白、赤、クリーム以外）
多色の経糸と単色の緯糸を使い平織りで織られたシンで、赤の経糸に白 (生成り) の斑点状の絣模様があるもの。
縦縞模様のシン
横縞模様のシン
多色の経糸と単色の緯糸を使い平織りで織られたシンで、赤以外の経糸に白 (生成り) の斑点状の絣模様があるもの。
横縞、多色緯糸紋織り、絣の織りが入ったシン
横縞と多色緯糸紋織りの入ったシン
格子柄のシン
幅広のすそが付いたシン
多色と単色の緯糸紋織りが繰り返し織られたすそ布の付いたシン
タイ・ルー族（Tai Lue）の黒いすそ布が付いたシン
ファ・ブァンと呼ばれるウエスト布が付いたシン
模様のあるウエスト布が付いたシン
輸入された光沢のある黒地のボディー布に幅広のすそが付いたシン
タイ・ルー族のシン
シェンクワン県カン村（Ban Khang）のプー・タイ族のシン
フアパン県南部のノエ川（Nam Noe）沿いに住む人々が穿くシン
木綿のシン
シルクのシン
金糸が使われているシン

シンの種類

区分	着目部位	呼び名
織りのテクニックから付けられた呼び名	ボディー	シン・ミー／Sinh Mii
		シン・ムック／Sinh Muk
		シン・コー／Sinh Kor またはシン・チョック／Sinh Chok
		シン・キッド／Sinh Khid
		シン・コーム／Sinh Korm
	すそ	シン・ティーン・セオ／Sinh Tiin Seo
		シン・ティーン・タム・ナエ／Sinh Tiin Tam Nae
		シン・ティーン・キット／Sinh Tiin Kitt(=Khid)
		シン・ティーン・チョック／Sinh Tiin Chok
デザインの特徴から付けられた呼び名	ボディー	シン・サイモー／Sinh Saimor
		シン・タラン／Sinh Thalan（またはテウー／Thiew）
		シン・カン／Sinh Khan
		シン・カーン／Sinh Kaan
		シン・パーパン／Sinh Paa Pan
		シン・マーン／Sinh Maan
		シン・カーン・グァン／Sinh Kaan Ngouang
		シン・ライ・タ・モン／Sinh Lai Ta Mong
	すそ	シン・ティーン・ソン／Sinh Tiin Soung
		シン・ティーン・タラート／Sinh Tiin Talaat
		シン・ティーン・ダム／Sinh Tiin Dam
	ウエスト	シン・フア・ブァン／Sinh Hua Bouan
		シン・アエル・カイ／Sinh Ael Khai（Ael=Waist）
	ボディー＆すそ	シン・リン／Sinh Ling
民族的特徴から付けられた呼び名		シン・ルー／Sinh Lue
		シン・プァン・タイ・カン／Sinh Phuan Tai Khang
		シン・タイ・ナム・ノエ／Sinh Tai Nam Noen
素材による呼び名		シン・ファイ／Sinh Fai
		シン・マイ／Sinh Mai
		シン・マイ・カム／Sinh Mai Kham

代表的なシン

シン・ミー
絣のシン

ラオスでは絣《かすり》織《お》りをミーと呼び、この絣織りでボディー布が織られているシンをシン・ミーと呼んでいます。

シン・ミーはすべてのラオ・タイ民族で見られますが、色使いや模様には地域や民族ごとの特徴があり、この特徴を示す単語を後ろに付け加えて呼ばれています。

たとえば、チャンパサック県で織られたシン・ミーは、県都（県庁所在地）の名前パクセを後ろに付けてシン・ミー・パクセ（Sinh Mii Pakse）と呼ばれます。水蛇（ナク）の絣模様であればシン・ミー・ナク、シルク（マイ）のシンであればシン・ミー・マイ（Sinh Mii Mai）、経縞《たてじま》のデザイン（カン）になっているものはシン・ミー・カン（Sinh Mii Khan）と呼ばれます。

ビエンチャン、チャンパサックなどの都市部のシン・ミーは、細い良質のシルク糸を使った落ち着いた色の小さな絣柄《かすりがら》で、水蛇や野菜の一種、サトウキビ、魚網《ぎょもう》などをモチーフにした細かな絣模様です。

一方、北部ラオスのファパン県のシン・ミーは、都市部のものに比べると大きい絣柄で、ナガ（竜）の絣柄が多く見られます。しかし、そこに使用されている色には民族ごとの違いが見られ、タイ・デーン族は、赤、黒を主色に、黄色、濃緑、オレンジを細かい模様に使っています。タイ・ダム族（黒タイ）は、黒、ピンク、薄緑、紫が多く、タイ・ムイ族（Tai Meuy）はピンクを主色に、オレン

ジ、紫、緑を細かい模様に使っています。

シェンクワンの絣は、手の込んだ多色の総絣《そうがすり》や、縦縞《たてじま》と絣模様が帯状にデザインされたものが多く織られています。

◀▼布全体に絣模様があるシン・ミー・ルア（Sinh mii Luat）、タイ・プァン族

ボディー布の拡大

◀▼絣糸と絣糸の間に無地の緯糸が入るシン・ミー・ルアン (Sinh mii Louang)、タイ・ダム族

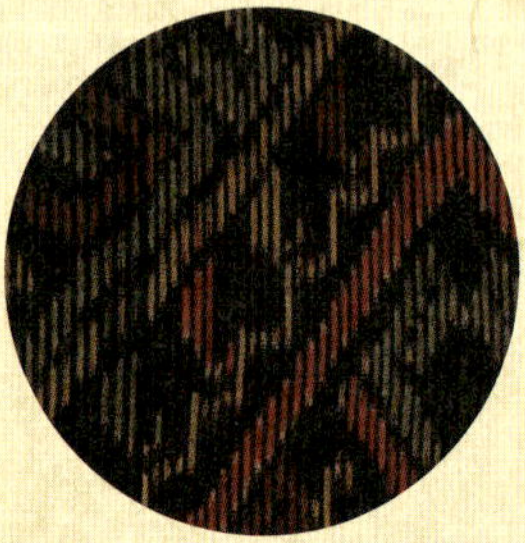

ボディー布の拡大

水蛇の絣模様のシン・ミー・ナク
(Sinh mii Nak)、タイ・ムイ族

白鳥の絣模様のシン・ミー・ホン
(Sinh mii Hong)、サム・タイ地方

絣糸と絣糸の間に無地の緯糸が入るシン・ミー・ルアン (Sinh mii Louang)、タイ・ダム族

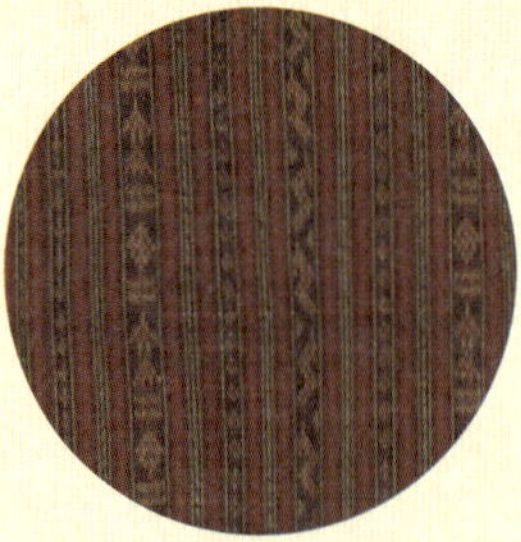

ボディー布の拡大

小さいナガの絣模様のシン・ミー・クン（Sinh mii Kun）、ビエンチャンおよびチャンパサック県

絣模様が斑点のシン・ミー・コー（Sinh mii Khor）、タイ・プァン族

布全体に絣模様（ウナギと花）のあるシン・ミー・ルア（Sinh mii Luat）、タイ・プァン族

絣模様が斑点のシン・ミー・コー
(Sinh mii Khor)、タイ・プアン族

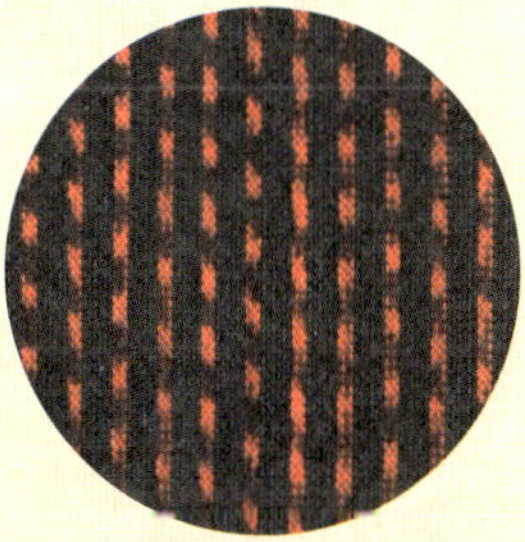

ボディー布の拡大

花をモチーフにした絣と多色緯糸紋織りからなるシン・ミー・チョク・ドク（Sinh mii Chok Dok）、タイ・ムイ族、タイ・テーン族

縦縞模様で赤と藍（黒）の絣模様が区切られているシン・ミー・タ・ダム・デーン（Sinh mii ta Dam Daeng）、タイ・デーン族

シン・ムック
経紋の入ったシン

経糸紋織《たていともんお》りはラオスではムックと呼ばれ、この織りがボディー布に入ったシンをシン・ムックと呼んでいます。

シン・ムックという呼び名の後に模様用に加えた経糸の本数を付けたり、一緒に使われている織りの技法などを付けて呼んでいます。

たとえば、次頁に写真のある2枚のシンは、シン・ムック・シー（Sinh Muk Si／Si＝4、経紋《たてもん》模様が中心から端まで4本の経糸で織られたシン）とも呼ばれ、経糸の数が多くなるほど経紋の幅が広くなります。

絣織《かすりお》りとの組み合わせであればシン・ムック・ミー（経紋と絣織りのあるシン）などと呼ばれます。布全体に経紋がデザインされているものはムック・バーンと呼ばれます。

シン・ムックはフアパン県やシェンクワン県で織られていたもので、緯糸紋織りや絣織りを一緒に組み合わせた高度なテクニックを用いたシンも織られています。

経紋と多色使いの緯紋のあるシン・ムック・チョック（Sinh Muk Chok）

小さな絣模様のシン・ムック・ノイ
(Sinh Muk Noi)、ビエンチャン

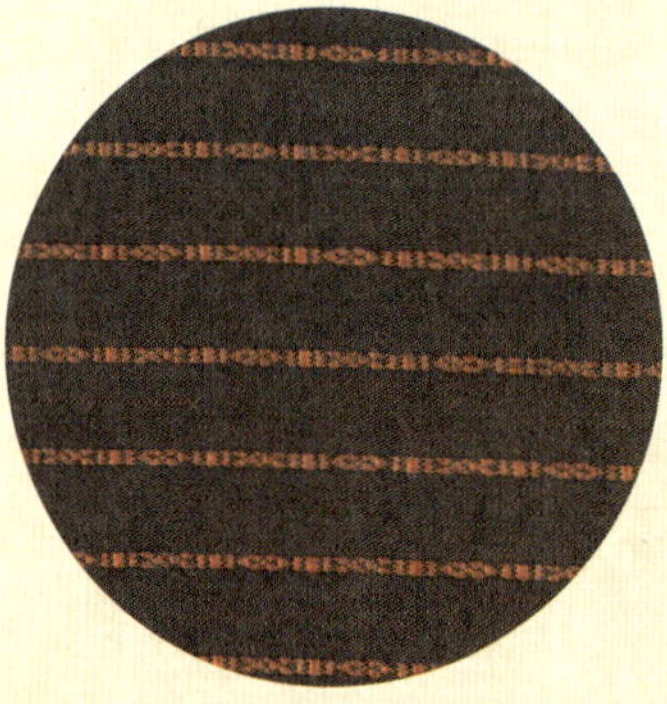

経紋部分の拡大

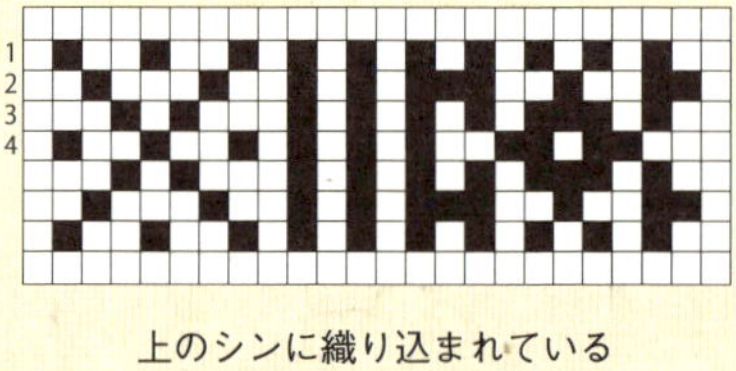

上のシンに織り込まれている
経紋（Muk 4）のパターン

経紋と絣模様のあるシン・ムック・ミー
(Sinh Muk mii)、タイ・デーン族

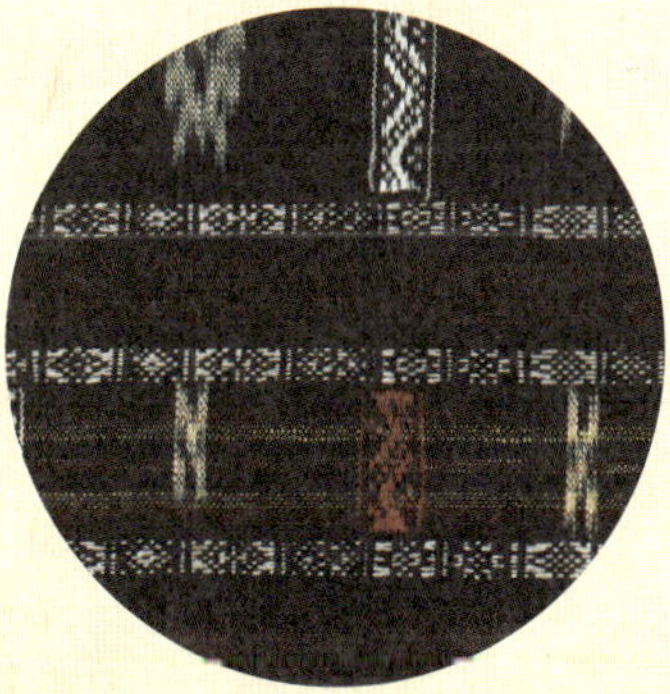

経紋部分の拡大

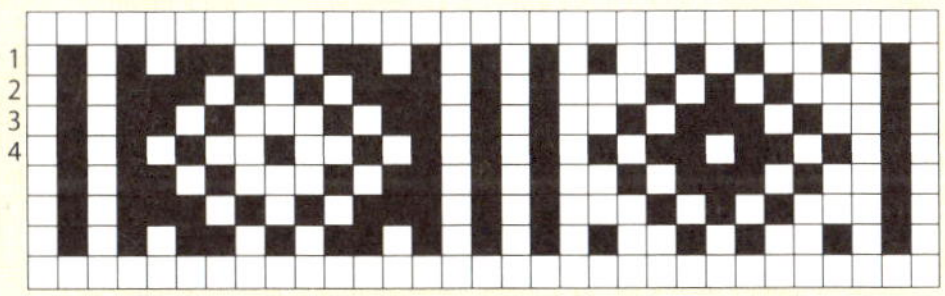

上のシンに織り込まれている
経紋（Muk 4）のパターン

経紋と絣のあるシン・ムック・ミー
(Sinh Muk mii)、タイ・デーン族

経紋と多色使いの緯紋のあるシン・
ムック・コー (Sinh Muk Kor)、
タイ・ムイ族

布全体にわたって経紋のあるシン・ムック・バーン（Sinh Muk Vaan）、すそ布の模様は刺繍

経紋と絣織りのあるシン・ムック・ミー（SInh Muk mII）、すそ布の模様は象

シン・コー、シン・チョック
多色の緯糸紋織りの入ったシン

多色使用の緯糸紋織《よこいともんお》りは地域によりコーまたはチョックと呼ばれ、ラオスの伝統的な織りの代表になっています。

この織り模様がボディー布に織り込まれているシンを、シン・コーまたはシン・チョックと呼んでいます。紋織りの模様は山岳地域ではカラフルで手の込んだデザインですが、平野部では小さく色数の少ない模様になっています。

花と蛇の皮をモチーフにしたシン・コー・ドク（Sinh Kor Dok）、タイ・デーン族

２匹のナガの頭が織り込まれたシン・コー
(Sinh Kor)、タイ・デーン族

星の模様のシン・コー（Sinh Kor）、
タイ・デーン族

銀の延べ棒をモチーフにしたシン・コー
（Sinh Kor）

ライオンの模様のシン・コー（Sinh Kor）、
タイ・デーン族

花をモチーフにしたシン・コー・ドク（Sinh Kor Dok）、タイ・デーン族、タイ・テーン族

経紋に似た模様のあるシン・コー・ムック（Sinh Kor Muk）、タイ・デーン族

花をモチーフにしたシン・コー・ドク（Sinh Kor Dok）、タイ・ムイ族

シン・コーム
2色の杢糸で織ったシン

杢糸《もくいと》で平《ひら》織《お》りに織られたシンをシン・コームと呼んでいます。杢糸とは何本かの色糸を一本に撚《よ》った糸をいいます。

普段着用のシン・コームは木綿《もめん》ですが、都市部の裕福な女性が穿く上質の絹《きぬ》の杢糸で織られたシンをシン・マイ・コームと呼び、金糸・銀糸を使った緯紋《よこもん》織《お》りの豪華なすそ布が付いています。この金糸・銀糸や細い良質な絹糸は、昔はフランスや日本から輸入され、裕福な女性のシンに使われました。

絹の杢糸で織られた
シン・マイ・コーム
(Sinh Mai Korm)、
ルアンパバーン

絹の杢糸で織られたシン・マイ・コーム（Sinh Mai Korm）、ルアンパバーン

絹の杢糸で織られたシン・マイ・コーム（Sinh Mai Korm）、ルアンパバーン

木綿の杢糸で織られたシン・コーム・ファイ（Sinh Korm Fai）、タイ・プアン族

シン・サイモー
シン・タラン
またはシン・テゥー

シン・サイモーは、経糸《たていと》にいろいろな色糸を用いているのが特徴です。緯糸《よこいと》は単色を使い平織りで織るシンプルな織りですが、シンになったときに緯糸と経糸の織りなす横縞《よこじま》の色の変化が特徴です。

その経糸の中に白い斑点《はんてん》状の絣《かすり》模様があるものを、ルアンパバーンやビエンチャンではシン・テゥーと呼び、フアパン県では、シン・タラン、シン・パーパンと呼んでいます。

シン・タランは赤の経糸に白い絣の斑点模様があります。シン・パーパンは経糸の絣糸が赤（と白）以外の色のもので、たとえば紫（ラオス語で「イート」）ならシン・パーパン・イート（Sinh Paa Pan Iit）、オレンジ（シード）の場合はシン・パーパン・シード（Sin Paa Pan Saed）と呼ばれます。すそ布は、カラフルで手の込んだ模様が織り込まれています。

多色の経糸と単色の緯糸のシン・サイモー（Sinh Saimor）、フアパン県。すそ布の模様はライオンの頭を持った鳥

ボディー布の拡大。経糸には黒（藍）、赤、白の色糸が使われている

◀▼経糸に斑点状の絣模様がある
シン・タラン（Sinh Thalan）、
フアパン県

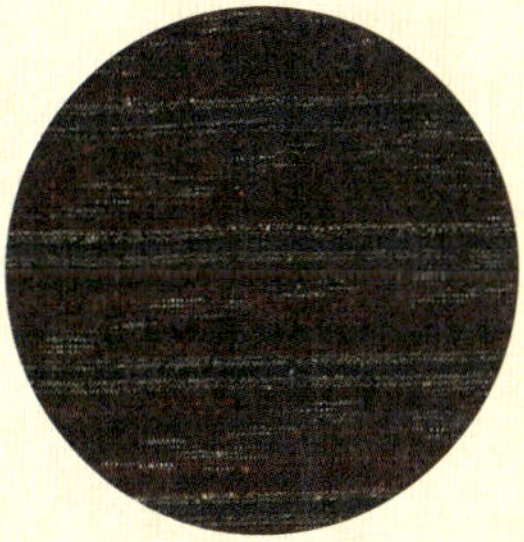

ボディー布の拡大。赤の
経糸に白い斑点状の絣模
様がある

2色の経糸を使ったシン・テゥー（Sinh Thiew）、ビエンチャン、ルアンパバーン

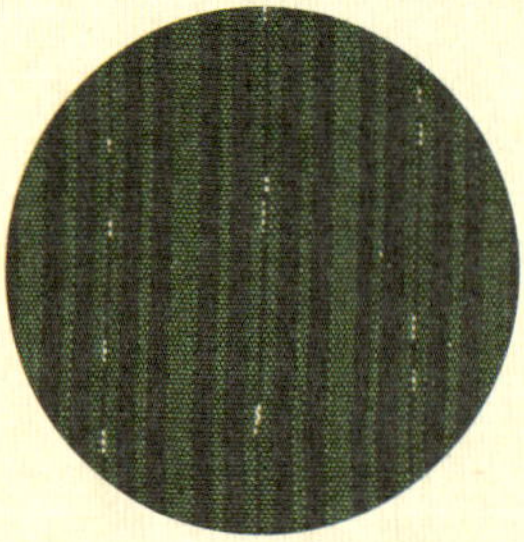

ボディー布の拡大。藍の経糸に白の斑点状の絣模様がある

経糸に斑点状の絣模様があるシン・タラン（Sinh Thalan）、フアパン県

シン・カン
縦縞のデザイン

縦縞《たてじま》のシンをシン・カンと呼んでいます。普段着用は木綿ですが、絹糸で織られたものはシン・マイ・カンと呼ばれています。前述のシン・マイ・コームと同様、都市部の裕福な女性が穿くシンで、すそ布も金糸・銀糸を使って織られています。

縦縞のデザインのシン・カン
(Sinh Khan)、ビエンチャン

ボディー布の拡大

シン・カーン・グァン
シン・マーン

　横縞《よこじま》模様のシンをシン・カーンと呼びますが、シン・カーン・グァン、シン・マーンは、ともに横縞柄の間に多色の緯糸紋織模様が帯状にあるデザインで、ボディー布は2箇所の継ぎ目で筒状になっています。

　ただ、シン・マーンでは帯状の絣模様が横縞柄の間にありますが、シン・カーン・グァンにはありません。タイ・デーン族では、女性シャーマンの正装用シンとしても織られていました。

横縞と多色の緯紋があるシン・カーン・グァン（Sinh Kaan Ngouang）、サムヌア地方フアパン県

◀▲横縞と多色の緯紋があるシン・カーン・グァン（Sinh Kaan Ngouang）、サムヌア地方フアパン県

帯状の絣模様が入ったシン・マーン（Sinh Maan）、タイ・デーン族、サムヌア地方フアパン県

シン・ルー

タイ・ルー民族が穿くシンの総称シン・ルーは、水平帯状に模様がデザインされているのが特徴です。デザインはさらに地域により大きく3つのタイプに分かれています。

一つは、ラオス北西のサイニャブリー県のもので、はっきりした横縞の地に、かぎ型や星型の連続した模様が織られています。

もう一つはルアンパバーン、ボーケオ、ウドンサイ県で見られるシン・ティーン・ダム（すそ布が黒いシン）です。「ドク・イェフ・パエ」と呼ばれる綴《つづ》れ織りのモチーフは、このシンの特徴の一つです。

残る一つは北東部ポンサリ県のもので、地色は黒で、グリーンとピンク系の横縞《よこじま》が特徴です。シルクと綿糸で織られ、赤、ピンク、オレンジで模様を出しています。防寒用に生《き》成《な》りの木綿の裏地が付いています。

ドク・イェフ・パエ（Dok Yiev Pae）と呼ばれる綴れ織りが入ったシン・ティーン・ダム（Sinh Tiin Dam）、ルアンパバーン、ボーケオ、ウドンサイ県

すそ布が黒いシン・ティーン・ダム（Sinh Tiin Dam）、
ルアンパバーン、ボーケオ、ウドンサイ県（４点とも）

すそ布にカギ型の模様があるシン・ティーン・チョック（Sinh Tiin Chok）、サイニャブリー県

すそ布が黒いシン・ティーン・ダム（Sinh Tiin Dam）

木綿の裏地が付いているシン・ルー（Sinh Lue）、ポンサリ県

シン・ティーン・ソン
シン・ティーン・タラート
シン・リン

すそ布の丈《たけ》が広く、ボディー布が黒地のシルクや綿のものをシン・ティーン・ソンと呼んでいます。すそ布は約60～65㎝の織り幅で丈の2倍長を織り、切り分けてその2枚の両側の織り端を縫い合わせます。

タイ・デーン、タイ・カオ民族が婚礼のときに穿くのもこのシンで、広いすそ布には緯糸紋織《よこいともんお》りでシルクや金糸、銀糸を使った動物や花が色とりどりに織り込まれています。

このすそ布が単色と多色の緯糸紋織模様で帯状に交互に織られているものをシン・ティーン・タラートと呼んでいます。

また、輸入された艶のある黒のシルク布地がボディー布に使われているものをシン・リンと呼んでいます。

すそ布に単色と多色の緯紋が交互にあるシン・ティーン・タラート（Sinh Tiin Talaat）、フアパン県

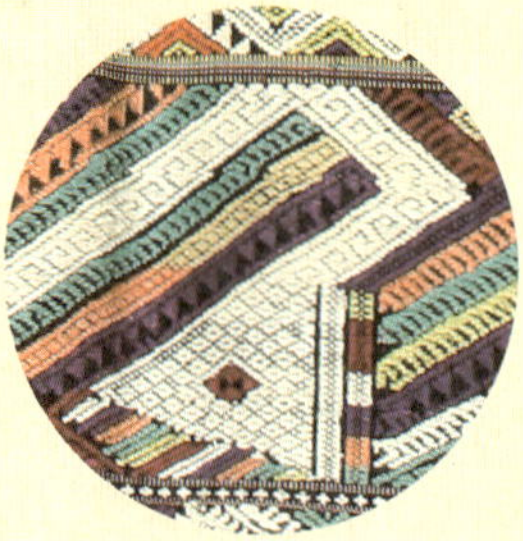

すそ布の拡大。模様はナガ（竜）の頭

すそ布が広いシン・ティーン・ソン
(Sinh Tiin Soung)、フアパン県

すそ布の拡大。模様はシホ
（象の鼻を持ったライオン）の頭

ボディー布が絣のシン・ティーン・タム・ナエ
(Sinh Tiin Tam Nae)

小学生の制服

シン・ティーン・タム・ナエ

筬《おさ》を使わずに刀杼《とうひ》で打ち込みながら織る厚みのあるシンプルなデザインのすそ布を「ティーン・タム・ナエ」といい、このすそ布が付いたシンをシン・ティーン・タム・ナエと呼んでいます。

ラオスの女生徒たちが穿いている制服用のシンといえばうなずかれる方もいるでしょう。黒地のボディー布に白木綿の緯糸《よこいと》で織られたティーン・タム・ナエが付いています。すそ布の丈は普通約6～12㎝で、普段着用のシンとして穿かれています。

シンを着る

本来、右前・左前の区別はないが最近は洋装の影響も

娘たちへの躾《しつけ》の言葉に、

「落ち着いて振る舞い、髪は小ぎれいに梳《と》かしなさい。そして、シンのすそをきちんと合わせて穿きなさい」

（「インシヤンは娘に教える」より）

という教えがあります。すそは広げずにしっかり巻き付け、揃えるのが行儀のよい着方だとわかります。

ラオスに伝わる恋歌には、

「胸上で巻くシンを着てほしい、ウエストで巻くシンを着てほしい、そしてここに来て結婚してほしい。」

というものもあります。好きな女性を想うこの歌から、シンはウエスト部分ばかりではなく、胸の上からも巻き付けていたことがわかります。

巻き付けた後の余った布は、右左のどちらかに折りたたみ、布端を内側に挟んで留めます。ラオスでは本来、左右どちらを上にしても気にしませんでしたが、最近ホックを使ってウエスト部分を留めるようになると、洋装のデザインの影響で左前が多くなりました。

重なるプリーツの端は、輪が狭かった昔は前中央に来ていましたが、現在は脇《わき》に来るように長く布を使っています。

地方によって、普段はシンの裏側を外にして穿き、訪問客が来たときや外出のときなどは表側を出すといった着方があります。このようなシンは、裏もていねいに織られています。

気候によるバリエーションと時代による流行の影響

シンは、その土地の気候にも合わ

せて穿かれています。霜《しも》の降りるときもある北部の山岳部では2~3枚重ねて穿いています。シンはくるぶしまで長く、古いほうのシンを上にして重ねて穿きます。反対に、南部の一年中暑いところではシンの丈《たけ》が短めになっています。

　首都ビエンチャンでは、シンは短めでふくらはぎの丈ぐらいですが、ミニ・スカートとワイド・パンツが世界的に流行した60~70年代にはヒザ丈にまでなり、男性のダボダボのパンツとともに流行し、これが地方へも広がっていきました。世界的な流行は例外なくシンにも影響したのです。

　昔から、祖母や母親は娘たちの装いに注意を払い、自らが手本となり、どんなときにどんなシンを身に着けるかを伝えてきました。

　その成果を見る最もよい機会は、ブン・タット・ルアン（大塔祭《だいとうさい》）のときでしょう。毎年11月の満月の日を中心に催されるラオス最大のこの祭りのために、母と娘は何ヵ月も前から穿いていくシンやウエスト・ベルト、髪飾りなどのアクセサリーについて思いめぐらし、準備をします。そして、祭りの当日は日の出前に起き、喜捨《きしゃ》する米や菓子、果物《くだもの》を準備し、髪を結《ゆ》い上げ、選び抜いたシンと肩掛け布（パービアン）を身に着けて家を出ます。

　私たち外国人にとっても、ブン・タット・ルアンは、美しく正装した女性たちを眺《なが》める心踊る機会でもあります。

ブン・タット・ルアンの光景

正装した女性たち

シンの着方

本来、シンには左右の決まりはありませんが、最近では、洋装の影響で左前が多くなっています。

1

シンの中に体を入れます。

2

腰にぴったりくるように、
片側の脇に布を寄せます
(カギホックがある場合は、
内側を留めます)。

※大きな写真は、筒型に縫っただけのシン（昔ながらの型）の着用例です。左の小さなほうの写真は、ダーツ入り、カギホック付きに仕立てたシン（現代的なタイプ）の着用例です。

3

余った布を反対側に折り、すそを揃えるようにたたみます（外側のカギホックを留めます）。

4

ウエスト布の余った布端を、内側に挟みます（カギホックがある場合はそのまま で着用完了）。

シンのファッションショー

パーティー会場にて（右から２番目が共著者のヴィエンカム）

結婚式での花嫁と花婿

タイ・ムイ族衣装（ファッションショーにて）

シンの色

スカートの色は民族文化に根ざしている

ラオスでは身近にある草木の幹《みき》や樹皮、実、根、葉などで糸を染めてきました。染色の技法は家独自のもので、娘や嫁以外には伝えない秘伝として継承されてきました。

ヴィエンカムに聞いたところ、ラオスには「人前では色が染まらない」という言い伝えがあるそうです。実際に彼女も、初めて私たちの前で染めの実演を行ったときには、色が染め付かないのではないかと心配したといいます。このように伝えられてきた伝統染色の技法から染め出される色には、その地域の植生、染め手の技量といった条件のほかに、民族の信仰から生まれた独自の文化も大きく影響しています。

タイ・ダム族の「ダム」は黒の意味で、その民族名が示すように日常生活では黒や濃い藍《あい》の服を着ていますが、親や夫が死ぬと2ヵ月間は喪《も》に服し、白い服を着ます。

タイ・デーンの「デーン」は赤の意味で、やはり衣服が赤いところから呼ばれたともいわれています。しかし、結婚式には藍のブラウスとすそが広く黒いボディー布のシンを着ます。結婚の日に花嫁と花婿が黒の服を着ていれば、悪霊の目にとまらず、災いが避けられるといわれているためです。

プー・タイ族（Phou Tai）などは、川を渡るときに赤いウエスト布が付いたシンや服、頭巾《ずきん》を身に着けません。赤はナガのトサカの色なので、赤い衣類を身に着けて川を渡っている人をナガが見ると、自分を尊敬していないと見なして罰《ばつ》を与えるといわれているからです。

このように、それぞれの装いの色には精霊信仰の強い影響が垣間《かいま》見えます。特徴ある色の違いを探る旅は、その民族のルーツ自体を探ることにつながるのかもしれません。

シンの模様

古来、崇敬されてきた動物や植物――代表はナガ

タイ・プァン族の女性にとって、シン・ミー・コー（35ページ参照）は特別な意味を持って穿かれているシンです。

人の体には何百もの魂《たましい》（クワン）が宿り、ときには服の上にも留まり、その一つでもどこかに行ってしまうと病気になるといわれています。その魂が宿る休息の場所がシン・ミー・コーに織られた斑点「コー」の絣《かすり》柄なのです。シン・ミー・コーは、魂が体から出ずそこに留まっているように、健康で幸福な生活への願いを込めて織られたシンといえます。

このようにシンの模様は、シン自体を美しく見せるばかりではなく、願いや憧《あこが》れ、畏敬《いけい》を込めて織り込まれています。

仏教国といわれるラオスですが、この仏教が14世紀に広まる前は、シャーマニズムや精霊信仰が広く信じられていました。シンの模様は、その両方の信仰を背景に伝えられてきました。

民族ごとの崇拝対象例

民族	氏族	崇拝の対象＝祖先
タイ・デーン (Tai Daeng)	ロク（Lok） ロー（Lor） カァ コン（Kha Khon） カァ ラク（Kha Lak） ヴィー（Vii） ルアン（Leuang） ヌァン（Ngeuane）	野生の鶏 タングロー（Tanglor）という鳥 うなぎ、蛇、亀 コッタ（Kod Tha）という鳥 扇（扇は炎をあおぐのに使わない） タイガー（虎） ナガ（竜）、蛇
タイ・ダム (Tai Dam)	ローカム（Lor Kham） ローノイ（Lor Noy） クアン（Khouang） ヴィー（Vii） タイガー（Tiger） モン（Mong）	タングローという鳥 タングローという鳥 タン（Tang）という木 扇（扇は体をあおぐのに使わない） タイガー（虎） タンという木

その中でも最も一般的に織られている模様が、ナガ（竜）や蛇《へび》のモチーフです。これは、ナガが人に命を与え、空、空気、風、太陽、雨などの自然を動かすといわれているからです。寺や家にナガを彫《ほ》ったり、織物の模様に織り込んだり、また男性は入れ墨をするなど、身近にナガを置き、常に身の安全を願ってきました。

寺院の階段の左右に配されたナガ

ナガはラオス人が共通して崇敬《すうけい》するモチーフですが、ラオスの民族やその氏族には、自分たちの祖先は動物や植物、あるいは物だったという信仰があり、それを畏敬し崇拝してきました。そして、この崇拝の対象をシンなどの布に織ってきました。

右下の表は、異なる氏族と彼らの崇敬する対象の例ですが、本来は地域の民族・氏族のオリジナルであったものが、長い歴史の中の移住や雑婚で広がり、再解釈されながら形成されたものと考えられます。

また、女性たちは、寺院に参拝に行くときには、一般的には幾何学《きかがく》模様、植物、左右対称な模様や落ち着いた細かな模様のシンを穿き、顕著にアニミズム的な大きな模様のあるシンは避けているようです。

ナガ（竜）のモチーフ

ナガ（竜）のモチーフ

シホ（象の鼻を持つライオン）のモチーフ

ホン（架空の鳥）のモチーフ

花のモチーフ

シンを縫う

体型に合わせて ボディー布にダーツを入れる

1974年に書かれた小説「ムアン・プアンの姉妹《しまい》」は、ラオスの内戦を背景にした双子《ふたご》姉妹の物語ですが、その中に、シンを穿いて戦う勇ましい女性たちの姿が描かれています。私はこの小説から、優雅なシンが戦闘時でも動きに支障のない作りになっていることを知ったのですが、そういえば、シンを穿いた女性が自転車に乗っている姿も、少しも窮屈《きゅうくつ》そうには見えないことに思い当たりました。

シンの特徴の一つは、このような装いの融通性といえるかもしれません。そして、暑いときは丈を短く、寒いときは重ねて穿く、エコロジカルな装いともいえます。

現在のシンは、ボディー布にダーツを取り、ウエスト布は芯《しん》が入ったベルト状になり、2箇所の折り山に鍵ホックを付け、留めて穿くようになっています。ダーツは着る女性に合わせ、腰にぴったりと合うように入れます。

ただの筒型デザイン、誰が縫っても穿き心地は大して変わらないと思っていましたが、そうでもなさそうです。ここに載せたのは目安となる型紙です。ご自身のオリジナルのシンを作るとき、参考にしていただければと思います。

自転車での通学

シンの型紙

目安として参照し、体型により修正を加えてください。

ヒップ＝hcm、 ウエスト＝Wcmの場合、
横ダーツ①＝（h－W）÷4－2.5cm
後ダーツ②＝1.25cm
前ダーツ③＝1.25cm
④＝⑤＝W÷8
⑥＝④＋2.5cm

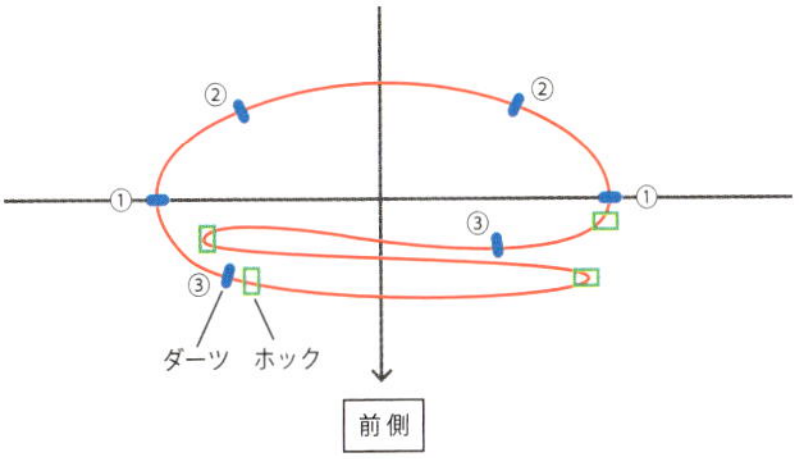

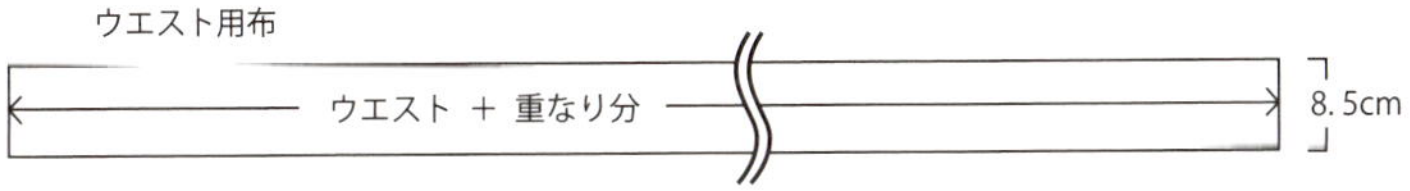

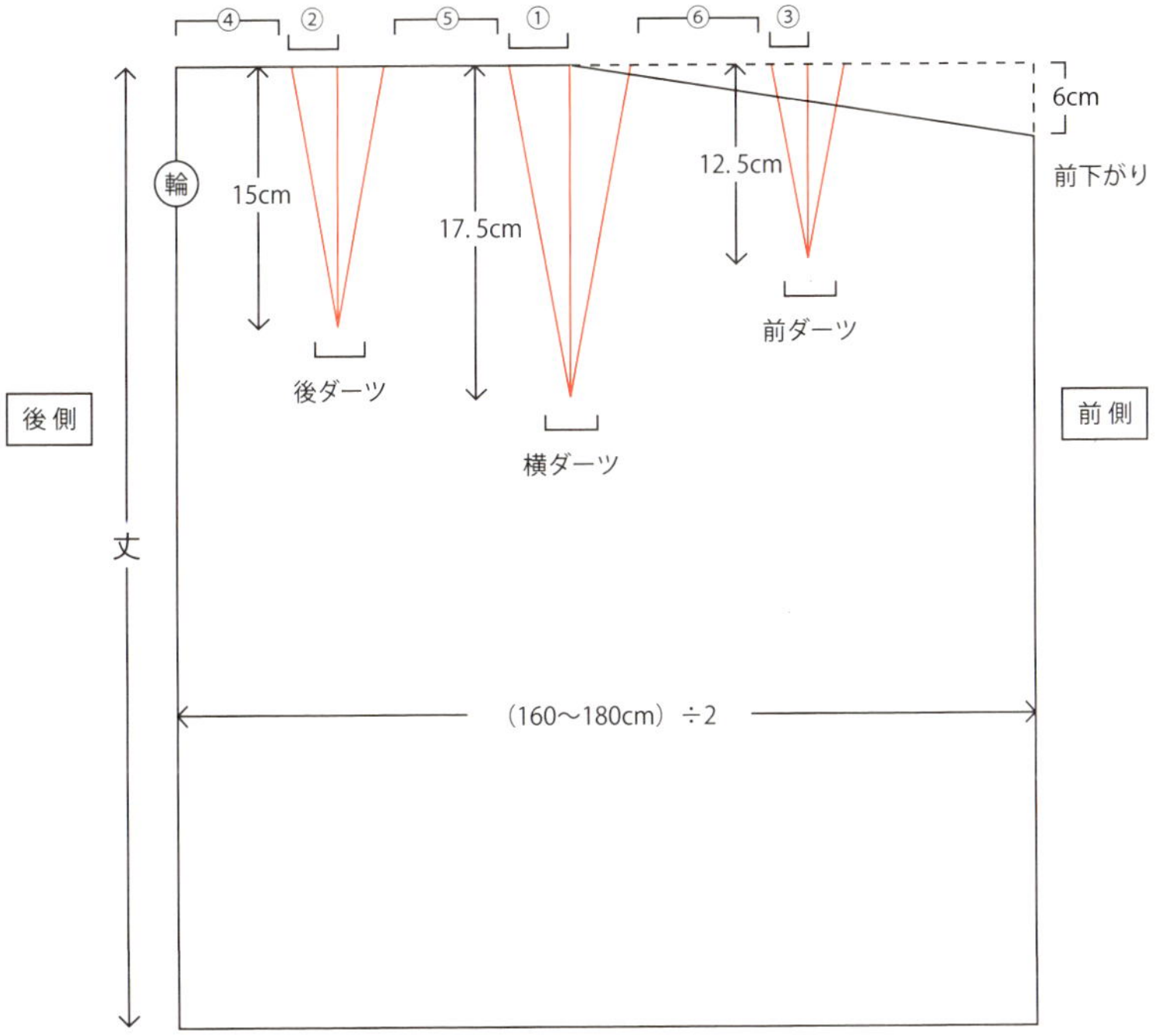

ボディー布＋すそ布

※ 輪＝布が向こう側に回り込んで二重になっています。

シンを織る

ラオスのヴィエンカムから日本の友人へのアドバイス

世界に一つしかない自分のシンを織る。そんな贅沢《ぜいたく》な試みに挑戦しようと思っている人もいらっしゃるかもしれません。そんな人のために、これまで1000枚以上のシンを織ってきたヴィエンカムからのアドバイスをお伝えしましょう。

もしかして、日本のどこかで誰かがシンを織っているかもしれない。そう想像しただけで、ラオスと日本が近づいたような嬉しい気持ちにな

高床式家の床下での機織り

るのは、私だけではないと思います。

アドバイス1 布使いを選ぶ

まず、布の使い方を決めましょう。ボディー布には、経糸《たていと》を輪状にする方法（縫目《ぬいめ》が織り幅の1箇所）と、緯糸《よこいと》を輪状にする方法（縫目が織り端2箇所）の、2通りの布の使い方があります。デザインの特徴を考えて、どちらの布使いをするか決めてください。

経糸を輪状にするシン（縫目が1箇所のもの）では、織り幅が着丈《きたけ》の部分になります。この織り幅の寸法も考慮し、ウエスト布やすそ布を必要に応じて準備しましょう。

ボディー布の緯糸が輪状になるシン（縫目が織り端2箇所）を織るときは、縫目で模様が合うように注意して織ります。そのためには、常に測りながら織り進めるとよいでしょう。

アドバイス2 筬目の密度

筬目《おさめ》が粗《あら》いと、シンに必要なしっかりした布が織れません。美しく丈夫なシンは経糸の太さに合った適切な筬目密度の筬《おさ》を使って織られています。

そして、筬をしっかり打ち込んでください。これも、きちんとした丈夫な布を織るために大切なことです。

アドバイス3 経糸の張力

経糸は、常に張力が均一になるように心がけてください。異なる織りの技法を併用するときは、特に経糸の張力に注意が必要です。

たとえば、緯糸紋織《よこいともんお》りの模様が入っている経糸は、模様の入らない部分の経糸より張りが強くなってきます。経糸の張りが不均一のままに織ると、平らな布地にならず波打った布になります。このような布から美しいシンを作るのは難しいものです。

絣糸を管《くだ》に巻く

シンをとりまく環境

濃色の鮮やかな布を好んで着たラオス女性

ラオスの布を初めて目にしたとき、色彩の豊富さと鮮やかさに目を見張ったものでした。それまで見慣れていた草木染めの色とのあまりの違いに驚き、その織りの繊細さに感嘆し、島国日本の布とこうも違うものかと感心したものです。

ビエンチャンのペンマイ工房で1996年に第1回テキスタイル・フェスティバルが開催され、このときにラオス全国の村々から、織りに自信のある人たちが集まりました。彼女たちの作品展が開かれ、その場で見学者による人気投票が行われました。

その結果、最優秀に選ばれた布は鮮やかな配色の、実に繊細な模様のパービアン（ショール）でした。一方、日本人のみによる投票も行われ、その結果、生成り《きなり》に藍《あい》の模様で、シンプルなデザインの織り布がベストに選ばれました。

国民性によるこの好みの違いは、ペンマイ工房で作業をしているときにも経験しました。

ある日、工房で自分の希望の渋めの色を説明し、やっと布がその色に染め上がってきました。その色を見た工房のスタッフたちからは、「こんな汚い色がどうしていいのか？」とびっくりした顔をされました。ラオスの人たちにとっては濃く鮮やかな色こそが美しく、今、目の前にある布地の色は、薄汚れた汚い色に映ったようです。

このように、伝統的なラオスの染織では、濃色の繊細な模様の布が好まれてきています。

座り仕事。魚網を編む女性（サムヌア地方）

早暁、僧に喜捨する女性たち（ルアンパバーン）

寺院の前に並んだ露店。焼き鳥や花が売られている（ビエンチャン）

この染色と織りの好みは、伝統的な慣習や言い伝えから、ある程度は理解できるかもしれません。というのは、濃く染めた糸で手の込んだ繊細な布が織れるのは、裕福な家庭に暮らす、時間も富も備えた積極的な女性だとみなされてきたからです。

一方、薄い色の簡単な模様は、消極的な性格で貧しい家庭の女性が作るものとみなされてきました。そのようには思われたくないという女性たちの思いが、濃色で繊細な模様への傾斜を進めたのかもしれません。

このように、織りはラオスの女性たちの人生を左右し、その強い関わりが昔ながらの染織の文化を守ってきました。日本や欧米の染織の歴史では、このラオスほどには織りの巧拙が女性の生き方に影響しなかったと思われます。

異文化の流入と安価な量産品との競合

ラオスの染織文化は、今、私のような外国人やさまざまなメディアから、質・量ともにこれまで経験しなかったレベルで刺激を受けています。何世紀もの間ゆったりと伝えられてきた独自の文化にも、この異文化の影響は大なり小なり及んでいるはずです。

そして、現在のラオス政府は、各々の民族の独自性ではなく、一つの国家としての統一性を重要視しているように見えます。この方針に沿えば、今後、伝統的な「民族や地域による特徴」が重視されていくとは思われません。

最近は、隣国の中国、ベトナムやタイから、量産品の安い布がたくさん入ってくるようになり、プリント地のシンを穿きながら機織りをしている姿も見かけるようになりました。

また、日常使いの、座り仕事に適した低い丸椅子《まるいす》にも変化が見られます。これはラオスのどこの家にでもある、竹や籐《とう》で編まれた座り心地のよいもので、生糸《きいと》を引くときや糸巻きのとき、絣《かすり》糸を括《くく》るときにもぴったりの、親しみがわく昔からある椅子です。この椅子がプラスティック製のものに取って変わり始めています。

このように、染織や竹・籐細工など、これまで手仕事で作られていた家庭用品は、徐々に量産品へと姿を変え、その変化が日常の風景に溶け込み始めています。

伝統的な手仕事を取り巻くこの状

竹製の容器を売る商人
（ビエンチャン）

況は、分野にかかわらず、どこの国でも逃れられない試練なのですが、ラオスでは、国内のインフラ整備が進むにつれ、国外からの商品の流れはますます速く広がっています。

このような急激な異文化の流入や、外国商品の流通は、シンを含むラオスの伝統染織に、今後どのような影響を及ぼしていくのでしょうか。

手仕事で作られた商品が日常の用を満たし、朝日を浴びながら歩む托鉢僧《たくはつそう》に女性たちは喜捨し、ゆったり流れるメコン川で子供たちが水遊びをしている。人々のこのような生活が変わらない限り、昔ながらの慣習が守られ、ラオスの染織文化の伝統は伝え続けられていくように思われるのです。

メコン川の夕暮れ（チャンパサック県）

あとがき

あるＮＧＯとの出会いがきっかけで、１９９０年代の初めからラオスの伝統染織に関わってきました。

当時から比べれば、首都ビエンチャンの砂ぼこりの道は、信号もあるアスファルトの道路に変わり、朝夕には車やバイクがあふれるようになりました。通りにはお洒落《しゃれ》な店が並び、インターネット接続で外国の情報も手に入る、モダンな街になりつつあります。

外国人にとっては、ラオスへの入国ポイントも増え、さらに２００７年からは観光程度の入国ならビザの取得が免除されるようになり、行きやすい国となりました。この間に日本からの旅行者も増え続け、なかにはラオスで織物に出会ったのをきっかけに、染織に興味を持つ方も多くなってきました。

このようにラオスが身近になり始めたにもかかわらず、ラオスについて書かれた本を書店で見かける機会は多くはありません。

この状況は、私がラオスに関わり始めた当時とあまり変わっていないように思います。１９９７年から毎年、「ラオス Now & Now On」と銘打ったシリーズ展を東京で続けてきましたが、いつも準備段階で歯がゆい思いをしてきました。

この企画展のテーマはラオスの工芸・文化の紹介でしたが、ほとんどの資料を英語版に頼らなくてはならず、苦労をしていたのです。実はこの体験が、本書を書く直接の動機となったのですが、これを可能にしたのが友人であるラオスの染織家ヴィエンカム（Viengkham Thong Nanthavongdouangsy）の存在です。

彼女は姉のコントン（Kong Thong Nanthavong-douangsy）とともに、ビエンチャン郊外で伝統染織のペンマイ工房（Phaeng Mai Gallery）を１９８６年から運営しています。

姉妹の母親はラオス北部サムヌア出身の屈指の織り手で、ヴィエンカムは、その母から染織技術ばかりではなく、その背景になっている文化も叩き込まれました。才能ある染織家で、子供向けの染織の本などもラオス語で著しています。

実は、ラオスの染織に関する書物を見つけるのは、当のラオス国内でも困難で、実際に日本のほうが資料が揃うと思えるほど残念な状況なのです。この情報不足という共通した問題はお互いの関心事となり、この状況を一緒に解消していこうと、少しずつ本にまとめる準備を進めてきました。

ラオスの染織を紹介するに当たって、広く染織全般のことを紹介する方法も考えられます。しかし、あえて具体的に伝統の筒型スカート「シン」を取り上げ、そこから見えてくる文化や慣習へと論を展開していくことにしました。織物に縁がなかった方にも親しみやすく、そして「シン」という具体的なイメージを抱くことで、さらにラオスが身近になると考えたからです。

取り上げる「シン」は、ラオスの人口構成上、最多の約60%を占めるタイ・ラオ系民族の女性の装いです。そのため、記述内容は、そのタイ・ラオ系民族に当てはまるものです。ヴィエンカムもその中のタイ・デーン族（赤タイ）に属し、この本でもタイ・デーンの文化が多く語られています。

次に、共著にあたっては、お互いの母国語の違いもあり、まず英語版を仕上げ、次に日本語版を完成させるということにしました。

その結果、英語・ラオス語併記版の「シンとラオスの女性（Sinh And Lao Women）」がヴィエンカム・ナンサボンドァンシィの著書として、まず２００６年末に完成しました。これを元に加筆し、再編集したのが日本語版の本書です。

日本語版を作るに当たって加筆した内容は、ラオスの一般情報と、ラオス染織の入門として必要な内容、および私がこれまでに体験・調査して集めたデータが主なもので、それに伴い写真・表なども加えました。

結果として、先に出た「シンとラオスの女性」とかなり異なったものになりましたが、基本的なテーマは変わっていません。

これまでラオスやその織物があまり紹介されずにきたのは、人的交流が少なく関心が薄かったこともありますが、最近まで入国しづらい国だったことも大きな理由でしょう。

今は入国も容易になり、ラオスに興味を持つ機会も増えてきました。そのようなときに、この本が手がかりとなり、さらにラオスへの興味を広げていただければと、心より願っています。

なお、本書をまとめるまでには、いろいろな方にお世話になりました。

共著者として当然とはいえ忍耐強く疑問に答え続けてくれたヴィエンカム、さらに情報をカバーしてくれた彼女の姉のコントンや、縫製担当のアリをはじめとするラオスの友人・知人たち、そして、いつも励ましをいただいていた山本安規子氏、TEORIYA の多田米子氏に、改めてお礼を申し上げます。

質感ある写真でシンを再現してくれた写真家の伊藤守氏、気品よくシンを着こなしてくれた彦根愛氏、誘うような美しいデザインで表紙を飾ってくれた藤田瑞穂氏にも感謝します。

また、なによりも、進栄堂出版の村上泰子氏に心より感謝します。彼女に出会うことがなければ、この本の原稿は資料とともにほこりに埋もれていたかもしれません。編集取材のため一緒に訪れたビエンチャンでは再訪を語り合いました。残念にも、昨年末に病に倒れ、仕事を継続できなくなりました。その後を夫の永山淳氏が引き継ぎ、編集部の吉岡宏之氏とともに刊行までこぎつけてくれました。本当にありがとうございました。

そして、これまでともにラオスを旅し、染織について学び合った素晴らしい友人達の一人一人に感慨を込めて感謝します。

二〇〇八年九月

木村　都

参考文献

- 「ラオスの歴史」上東輝夫著（同文舘出版、1990）
- 「ムアン・プアンの姉妹」スワントーン・ブッパーヌウォング著、星野龍夫訳（大同生命国際文化基金　アジアの現代文芸；Laos（ラオス）1、1993）
- 「ラオス：インドシナ緩衝国家の肖像」青山利勝著（中央公論社　中公新書 1245、1995）
- 「もっと知りたいラオス」綾部恒雄・石井米雄編（弘文堂、1996）
- ラオスの染織「織りに浮かぶ祈り」Lao Textiles Prayers Floating on Fabric（福岡アジア文化賞委員会）
- 「明日を紡ぐラオスの女性」風野寿美子著（めこん、2007）
- 「ラオスの布を楽しむ」チャンタソン・インタヴォン（アートダイジェスト、2006）
- 「地域からの世界史－4　東南アジア」桜井由躬雄・石澤良昭・桐山昇著（朝日新聞社、1993）
- 「染織の文化史」藤井守一著（理工学社、1994）
- 「民族服飾の生態」小川安朗著（東京書籍　東書選書、1984）
- 展示カタログ「ラオスの布展 1999」「ラオスのシン展 2002」木村都著（ミアザ）
- 「ラオスの染料植物とその利用」林里英著（『染織アルファー』2002/7 No.256）
- Lao Textiles and Traditions, Mary F. Connors, Oxford University Press, 1995
- Area Handbook series Laos a country study, Federal Research Division Library of Congress Washington, DC20540-5220, 1995
- Infinite Designs: The Art of Silk, Lao Women Union, SIDA, 1995
- Handwoven Textiles of South-east Asia, Sylvia Fraser-Lu, Oxford University Press, 1990
- Lao-Tai Textiles: The Textiles of Xam Nuea and Muang Phuan, Patricia Cheeseman, Studio Naenna Co., 2004
- Laos: Culture and Society, Grant Evans, Silkworm Books, 1999
- The people of Laos Rural and Ethnic Diversities, Laurent Chazee, White Lotus, 1999
- Legends in the weaving, The Japan Foundaton, Asia Center, 2001
- Weaving Cloths Weaving Naga, Viengkham Nanthavongdouangsy, Phaeng Mai Gallery, 2004
- Weave on our Great Grandmother's Loom, Viengkham Nanthavongdouangsy, Phaeng Mai Gallery
- Weaving Tradition: Carol Cassidy and Woven Silks of Laos, Carol Cassidy, Museum of Craft&Folk Art, 2003
- Tai Culture International Review on Tai Cultural Studies Vol.Ⅱ, No.2, SEACOM Edition, 1997
- Lao Hill Tribes Traditions and Patterns of Existence, Stephen Mansfield, Oxford University Press, 2000

織りに関する用語

平織り【ひらおり】
経糸と緯糸をそれぞれ1本ごとに交互に交差させて織る基本的な織り方。

紋織り【もんおり】
地とは違う色糸を使ったり、部分的に織り方を変えたりして、布に模様を出す織り方。

緯糸紋織り【よこいともんおり】
緯糸に地以外の糸を加えて出す模様の織り方。追加した糸が単色の場合を連続緯糸紋織り、複数の色糸の場合を不連続緯糸紋織りという。ラオスの代表的な織りの1つ。

経糸紋織り【たていともんおり】
経糸に地以外の糸を加えて出す模様の織り方。

浮き織り【うきおり】
緯糸の一部を浮かせて織ることで模様の部分が浮いて紋様を描き出す織り方。緯糸紋織り、経糸紋織りは浮き織りとも言える。

綴れ織り【つづれおり】
模様により、緯糸の色を区切って変えながら、平織りで織る織り方。

絣織り【かすりおり】
絣糸を使って、模様を出す織り方。

高機【たかばた】
経糸をセットして織る手織り機。踏み木や用具が付いている。

筬【おさ】
織り幅や経糸の密度を一定にする織り機に付いた用具。緯糸を打ち込むのに使う。

刀杼【とうひ】
経糸を上げたり、緯糸を打ち込んだりするときなどに使う主として木製の道具。

杼【ひ】
上下に開いた経糸の間に緯糸を通す道具。緯糸は管《くだ》に巻いて装着される。

綜絖【そうこう】
経糸が通されていて、経糸を引き上げる用具。綜絖を上げ、杼を用いて緯糸を通す。

左より、綜絖《そうこう》、筬《おさ》、刀杼《とうひ》、2本の管《くだ》の入った杼《ひ》

本文に出てくる染織用語

一般的な用語

染織【せんしょく】
染めることと織ること。

縞【しま】
経糸《たていと》あるいは緯糸《よこいと》、または縦横に組み合わされた直線による模様。縦縞、横縞、格子《こうし》縞《じま》などがある。

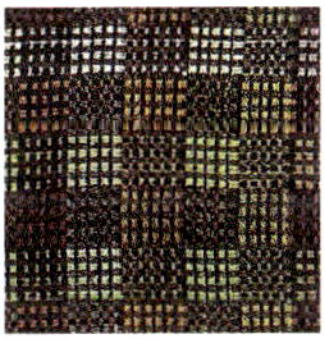
縞：ラオスの伝統的な格子縞

生成り【きなり】
染色をしていない糸や生地のこと。

絣糸【かすりいと】
経糸か緯糸、またはその両方の模様になる部分を他の糸で括《くく》ってから染めた糸。括った部分は染まらない。

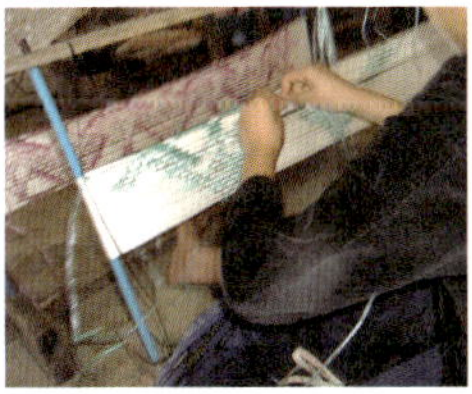
絣糸：括ったあと、染める。

撚り【より】
糸（繊維）をねじり合わせて一本にすること。撚りをかけた糸を撚り糸、または撚糸《ねんし》という。

杢糸【もくいと】
２本またはそれ以上の色糸を撚り、１本の糸にしたもの。

染めに関する用語

染料【せんりょう】
糸や生地に色を染め付けるために使う素材。ラオスでは、植物などの染材を水に溶かしたり煮出したりして染料となる液を作り、そこに糸を浸して染める浸し染めが多い。

草木染め【くさきぞめ】
染料に天然の材料（花、実、葉、樹皮、根など）を用いた染色方法。ラオスの伝統的な染色方法。

媒染【ばいせん】
染めを発色させたり、染料を定着させたりする方法。

媒染材【ばいせんざい】
媒染に使う素材。ラオスの伝統染織では、灰汁や石灰、鉄などが使われている。

灰汁【あく】
木を燃やしたあとの灰を水に溶かし、ろ過したもの。媒染材などに用いる。

灰汁：バケツに灰と水を入れ、底（に作った網状の穴）から出る灰汁を取る。

マイカム (Mai Come)	光沢のある繊細なデザインの商品作りをしている。 オーダーが多い。 House No. 9, Unit 1 Ban Sokpaluang Vientiane Tel/Fax: (856) 21-312275 E-mail: jancome@maicome.com http://www.maicome.com
チンダシルクーコットンクラフト (Chinda Silk-Cotton Crafts)	伝統的なテキスタイルが多い。 Thanon Phonthan, Ban Saphanthong Kang, Muang Sisatthanak, P.O.Box 796, Vientiane Tel: (856)21-412109, Fax: (856)21-451156
アート・オブ・シルク (The Art of Silk)	ラオス女性同盟の店。地方から集まった商品がある。 Thanon Manthatulat, Vientiane. Tel: (856)21-214308
タラートサオ(モーニングマーケット) Talat Sao (morning market)	ラオスのテキスタイルだけではなく、日用品、電化製品、貴金属製品などあらゆる商品がある。現在、近代的な建物に変わりつつある。ランサーン通りとクビエン通りが交差した東にある。 
ラオコットン (Lao Cotton Company)	ラオス女性同盟が管理するラオス唯一の綿織物工場。 衣類、バッグ、小物など多彩な商品がある。 Ban Khounta Thong, Muang Sikhottabong, P.O.Box 3146, Vientiane Tel: (856)21-215840, (856)21-251152, (856)21- 251017 ~ 8, Fax: (856)21-222443
ラオ　ハンディクラフト&テキスタイルズ (Lao Handicrafts and textiles)	南部セコン県で織ったテキスタイルを使った商品が特徴。南部地方の古いカゴや服が飾ってある(非売品)。 123/4 Anou Road　Ban Hai Sok Muang Chanthabouri Vientiane Tel/Fax: (856)21-219759 
ホイホン職業訓練所 (Houey Hong Vocational Training Centre)	染織の職業訓練センター。ここでできた布や服などを売る。染織体験コースも提供している。 Thanon Nontha-Dondok Chanthabury District Vientiane Tel: (856)20-517607

染織工房案内 ビエンチャン

カンチャナとラオ・テキスタイル・ミュージアム (Kanchana) (Lao Textile Museum)	ラオスの伝統染織技法による繊細な織りが特徴。 伝統衣装を展示している近郊 Nong Tha Tai 村にあるラオ・テキスタイル・ミュージアムも運営。 ショップ：102, Samsenthai Rd, Thatdam Sq. P.O.Box 656, Vientiane Tel/Fax: (856) 21-213467 ミュージアム：Ban Nong tha tai Chanthabury District Vientiane
ラハ・ブティック (Laha Boutique)	手織りの木綿布からできた多彩な商品作りをしている。 7/Unit 2 Mixay Village Francoisngin Street Chanthaboury District P.O.Box 3266 Vientiane Tel: (856) 21-241932 
タイケオ・テキスタイル・ギャラリー (Taykeo Textiles Gallery)	伝統のアンティック布を再現したテキスタイルが特徴。 236 Unit 10 ban Saphanthong Kang P.O.Box 10354, Vientaine Tel: (856) 21-314031, Fax: (856) 21-413497
ラオ・テキスタイル (Lao Textiles)	ラオス伝統模様をモダンにデザインした布製品。 米国人キャロル・キャシディーが経営。 Ban Mixay, Vientiane P.O.Box 5088 Vientiane Tel: (856)21-212123, Fax: (856)21-216205 http://www.laotextiles.com/
ペンマイ・ギャラリー (Phaeng Mai Gallery)	ラオス伝統染織技術を用いてモダンで多様な商品作りをしている。 17 Nongbouathong Tai Village Sikhottabong District P.O. Box 1790 Vientiane Tel/Fax: (856) 21-243121 
ニコン・ハンディクラフト (Nikone Handicraft)	伝統染織技術を用いて洗練されたシルクと綿による商品作りをしている。 No. 1, Unti 1, Ban Dongmieng, Chanthabury District, P.O.Box 4437, Vientiane Tel / Fax: (856) 21-212191

④ 緯絣織り
（Mat　Mii, Weft Ikat）

緯糸用の糸を糸で括《くく》って染め、括った部分が防染されることで模様を織り出す技法です。この技法はすべての民族に共通に使われています。織り機のしくみは基本構造のままです。

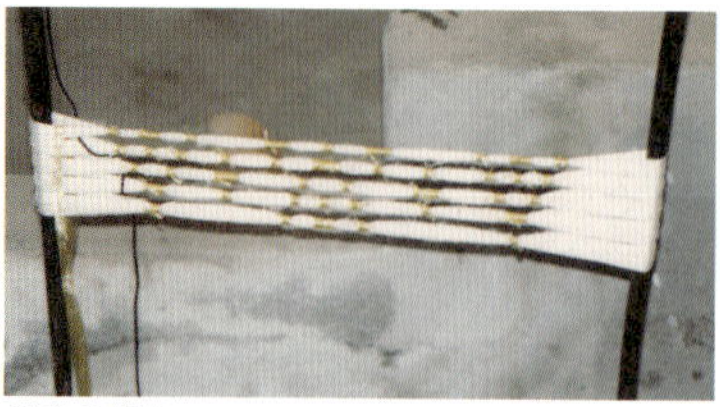

緯糸の括り

織り出された絣模様

防染された緯糸

⑤ 多綜絖による織り
（Lay Lay Khao, Multi-heddle Weaving）

綜絖を３～４枚使って織る織り方です。ラオス北西の地域で見られます。

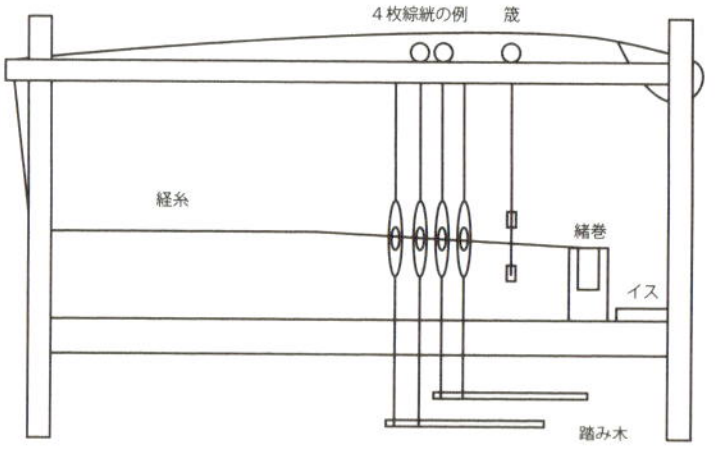

３枚綜絖で織られた布

MEMO　筬《おさ》と筬目《おさめ》

筬は、筬の長さとユニットという数で指定される。１ユニットは筬目 40 本を指す。筬にはこの「ユニット」と「筬の長さ（幅）」が表示されている。
たとえば、上の「緯絣織り」の写真にある「9 − 40cm」と記してある筬は、「9 ユニット、筬の長さ 40cm」の意味で、下記のように 1 cm に 9 本の筬目があることを示している。
全筬目数：9 ユニット× 40 本／ユニット＝ 360 本
cm 単位の筬目：360 本÷ 40cm ＝ 9 本／ cm

② 経糸紋織り
（Muk, Supplementary Warp Weaving）

経糸で模様を織り出す技法です。模様になる経糸を半綜絖《はんそうこう》として織り機に加えてから織ります。幅の広い模様を作るには、加える経糸の本数を多くします。経紋には白糸が多く用いられます。タイ・デーン族とタイ・プァン族などのシンに見られます。

織り機の構造

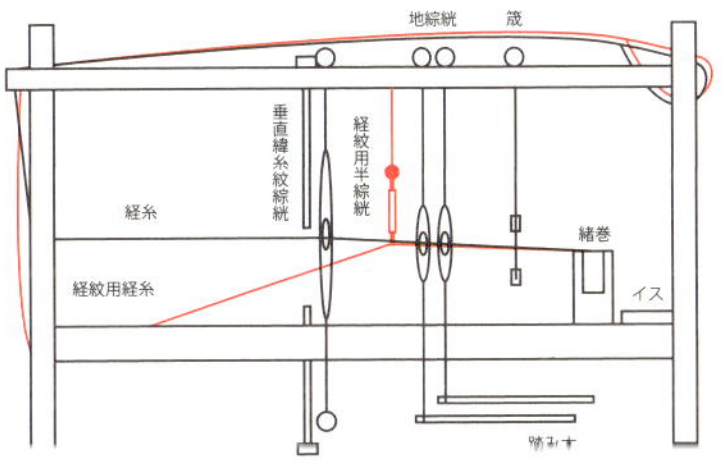

半綜絖と経紋用の経糸

右下斜めに走る糸が
経紋用糸

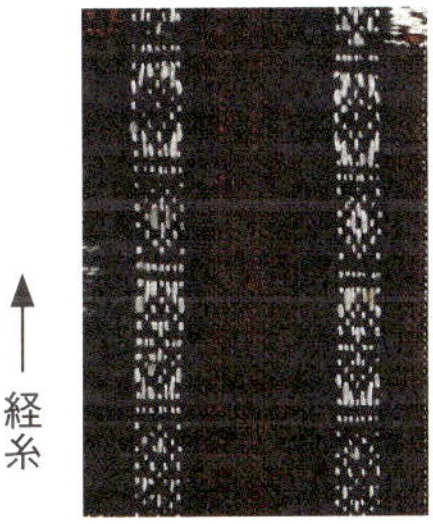

経糸紋様

③ 綴れ織り
（Yiep Pae, Tapestry Weaving）

色の違った緯糸をインターロックしながら平織りで模様を織る技法です。タイ・ルー民族のシンに見られます。織り機のしくみは基本構造のままです。

緯糸のインターロック

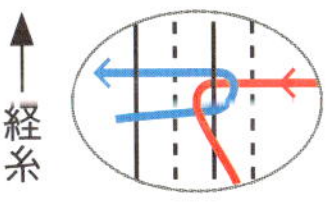

綴れ織り

① 緯糸紋織り

（Khid/ Chok, Continuous/Discontinuous Supplementary Weft Weaving）

すくい織り、浮き織り、縫い取り織りとも呼ばれ、緯糸で模様を出します。伝統模様の多くがこの技法を使って織られています。特徴は織り機に垂直《すいちょく》緯糸紋綜絖《よこいともんそうこう》のしくみを加えることで、これによって模様を合理的に織り上げていきます。緯糸模様が単色使いのものを連続緯糸紋織り（Khid または Kitt）、多色のものを不連続緯糸紋織り（Chok）と呼んでいます。

不連続緯糸紋織り（Chok）

連続緯糸紋織り（Khid）

織り機の構造

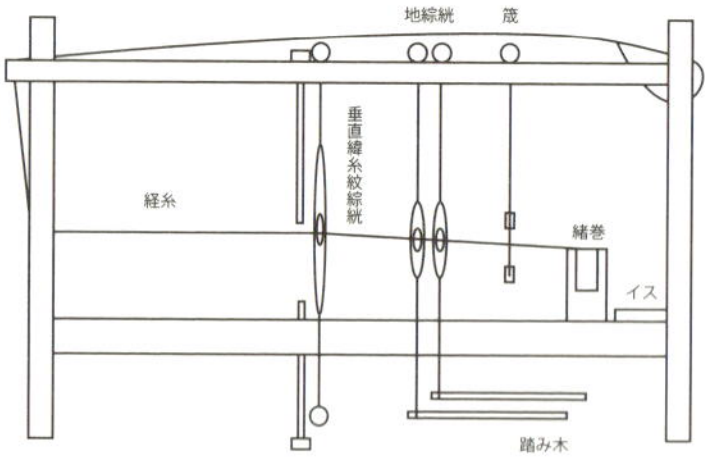

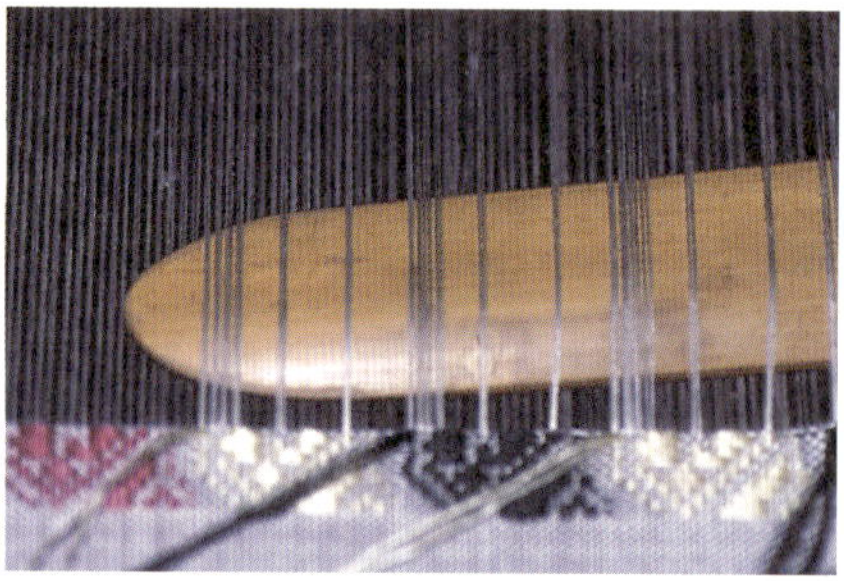

経糸をすくったところ。

伝統の織り

手織りの技法には、下記の種類があり、２つ以上の織りの組み合わせも行われます。

織りの種類

① 緯糸紋《よこいともん》織《お》り
② 経糸紋《たていともん》織《お》り
③ 綴《つづ》れ織《お》り
④ 絣《かすり》織《お》り
⑤ 多《た》綜絖《そうこう》(3枚または4枚)による織り

緯糸紋織り
綴れ織り
絣織り

緯糸紋織り
経糸紋織り

絣織り

織り機 (基本構造)

ラオスの女性たちは、昔ながらのシンプルな織り機を使って布を織り上げています。

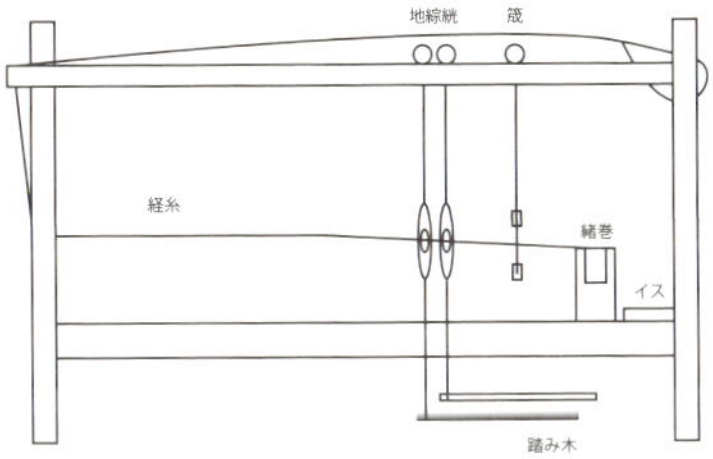

染め方
①水の入った鍋に入れ、灰汁《あく》を加え、1 時間ほど煮る。 ②これを網でこし、人肌ほどの温度になるまで冷ます。 ③その中に糸を 30 分ほど浸ける。 ④次にこれを沸騰させ、30 分ほど煮込み、冷めるまでしばらくそのまま浸しておく。 ⑤一度乾かしてから、洗って干す。
①幹を細かく割り、水の入った鍋に入れる。 ②そこに、一握りの塩を加えて沸騰させ、1 時間ほど煮る。 ③木片を取り出し、網でこし、人肌ほどの温度になるまで冷ます。 ④その中に糸を 30 分ほど浸けた後、加熱し 1 時間ほど煮る。 ⑤そのまま人肌程度に冷めるまで置き、冷めたら糸を取り出し、一度乾かしてから、洗って干す。
No.2 と同じ
①樹皮をたたいて細かくし、水に浸し、媒染材（鉄）を入れて色が出るまで煮る。 ②液をろ過し、人肌ほどの温度になるまで冷ます。 ③糸を 30 分ほど浸け、絞って乾かす。 ④ ③を 3 度繰り返す。 ⑤最後に乾いたら洗って干す。
No.2 と同じ
①樹皮をたたいて細かくし、鍋に入れ、水に一晩以上浸けておく。 ②これに灰汁を加え、火にかけ、20 ～ 30 分沸騰させる。 ③樹皮を取り出し、こして、人肌ほどの温度になるまで冷ます。 ④これに糸を入れ、30 分ほど浸けてから、1 時間ほど煮る。 ⑤そのまま人肌程度に冷めるまで置き、冷めたら糸を取り出し、一度乾かしてから、洗って干す。
No.2 と同じ
No.2 と同じ

ジャックフルーツの幹を煮て黄色の染液を作る。(No.6)

ヘムの幹と根（No.7）

ソリザヤノキの樹皮をはがす。(No.8)

モモタマナの葉を採取する。ラオ名は「鹿の耳」を意味する。（No.9）

ビルマ・マホガニーの樹皮をたたいて細かくする。(No.10)

No	色の種類	染材		使用部	媒染材
		ラオス語 / 英語	日本語		
5	オレンジ	マークセ (Maaksaet) /Anatto	紅《べに》の木 	実の種	灰汁
6	黄	マークミー (Maakmee) /Juck fruit	ジャックフルーツ 	幹	塩
7	黄	ヘム (Haem) /Heam vine	ヘム	根、幹	灰汁
8	黄緑	リンマイ (Linmai) /Indian Trumpet	ソリザヤノキ 	樹皮	鉄
9	金茶	フークワン (Hookwaang) /Wild almond	モモタマナ 	生葉	鉄
10	茶	シーシアド (Sisiad) /Betel palm	ビルマ・マホガニー 	樹皮	灰汁
11	茶	ベン（Ben） /Various species of bush	種々の潅木《かんぼく》	生葉	石灰、灰汁
12	ベージュ	マイサック (Maisak) /Teak	チーク	生葉	鉄

染めた糸を干す。

染め方　（注：糸は水によく浸してから染めます）

①ラック虫を細かくつぶし、水に一晩浸けておく。
②かすが残らないように ①をじゅうぶんろ過した後、この液に染める糸を浸《ひた》し 30 分ほど置く。
③バイマイサック（酸《す》っぱい味のする葉）またはタマリンドウの葉などを②に加え、1 時間ほど煮る。
④そのまま液を人肌ほどに冷《さ》めるまで置き、冷めたら糸を取り出し、一度乾《かわ》かしてから、洗って干《ほ》す。
※鉄を媒染材《ばいせんざい》として使うときは、同じ手順で③のバイマイサックの代わりに鉄を入れる。

---

①樹木を細かく割り、水の入った鍋《なべ》に入れる。
②媒染材（灰汁《あく》または鉄）を入れ、沸騰《ふっとう》させ、30 分ほど煮る。
③次に木片を取り出し、網でこし、人肌ほどの温度になるまで冷ます。
④その中に糸をしばらく（20 ～ 30 分）浸《つ》けた後、加熱し 1 時間ほど煮る。
⑤そのまま人肌程度に冷めるまで置き、冷めたら糸を取り出し、一度乾かしてから、洗って干す。

---

①実をよくつぶす。
②ここに水、灰汁、石灰、泥（田んぼの鉄分の多い土）を混ぜる。
③次に水を加えてよくかき混ぜ、半日ほど置く。
④これをろ過し、糸を入れ、30 ～ 40 分ほど置いた後、絞って乾かす。
⑤乾いたら、再度 30 分ほど染液に浸け、乾かす。これをさらに 2 度繰り返す。
⑥よく洗って干す。※黒に染める場合、さらに、⑦染液に浸して 30 分ほど火にかけた後、乾かす。
⑧乾いたら、水洗いして干す。

沈殿藍《ちんでんあい》づくり：
①瓶《かめ》の中に藍の生葉や茎を入れ、じゅうぶんにかぶるぐらいの水を加え、2 ～ 3 日置く。
②発酵《はっこう》してきたら、葉や茎を取り除き、石灰（苛性《かせい》ソーダ）を加える。
③1ヵ月ぐらい寝かすと沈殿藍ができる。
④繰り返し③を使用するには、生葉から抽出した液、地酒《じざけ》（ラオラオ）、灰汁を加え、よく混ぜて、1 週間ほど置く。
染め：
①瓶にある沈殿藍をかき混ぜ、1 リットルほどを柄杓《ひしゃく》で汲《く》み出し、別に取っておく。
②瓶に糸を入れ、染液が染み込むように 20 ～ 30 分ほどよくもみ、絞《しぼ》って乾かす。（1 回染め）
③別に取った①の液を瓶に戻し、灰汁と地酒 1 カップを加えておく。
④重ね染めは、翌日に①～③を繰り返す。
⑤最後は、糸が乾いたら水洗いし、干す。
※緑に染めるには、この後にジャックフルーツで染める。

伝統の染め

ラオス伝統の染め方は、その地域や人によって異なります。ここでは主に絹糸を染める方法についてまとめてあります。

ラック虫（No.1）は貝殻虫の一種

蘇芳の幹をチップにし、鉄の塊を入れて30分ほど煮る。(No.2)

藍の瓶《かめ》に灰汁《あく》と地酒を加え、混ぜる。(No.4)

No	色の種類	染材		使用部	媒染材
		ラオス語 / 英語	日本語		
1	赤 ピンク 紫	カン (Khang) /lac	ラック虫 	ラック虫の分泌物	バイマイサック 鉄
2	赤 ピンク 紫	ファンデーン (Fangdaeng) /Sappanwood	蘇芳《すおう》	幹	灰汁 鉄
3	灰色 黒	マークァ (Maakeua) /Ebony	タイコクタン 	実	灰汁、 石灰、 泥
4	青、黒、緑	ホム (Hohm) /Strobilanthes faccidifolius カーム (Khaam) /Indigofera tinctoria	琉球藍《りゅうきゅうあい》 (キツネノマゴ科) インド藍（豆科） 	葉および茎	石灰、 地酒 (ラオラオ)、 灰汁

綿の糸作り

綿の花は一般的に年に2回、2～3月頃と10～11月頃に収穫します。初めに収穫したものを「ファイ・モーク」(Fai Mork／霧の綿)、2番目に収獲したものを「ファイ・フォン」(Fai Fon／雨の綿) と呼び、ファイ・モークからは艶のある良質な糸が紡げます。

①綿の実（アジア綿、アオイ科）

②摘《つ》み取られた実綿《じつめん》（綿の実）：綿毛の中に種がある。よく日に干す。

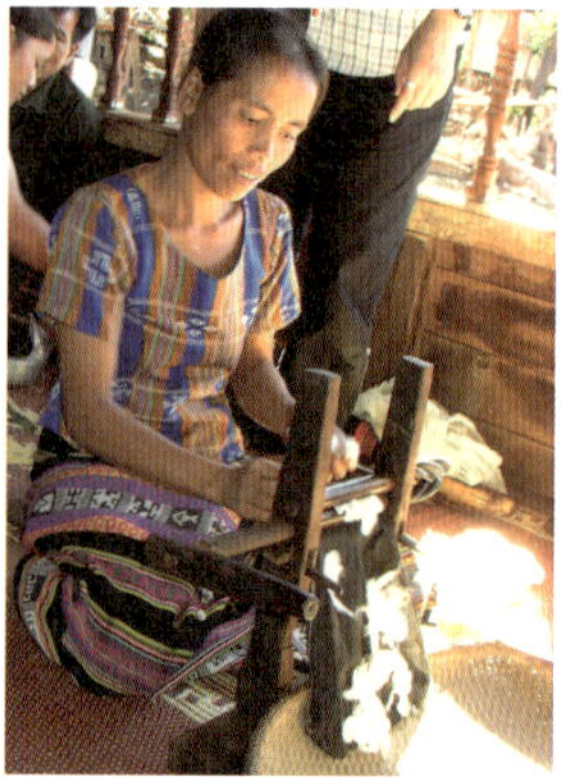

③綿繰《わたく》り：種と綿毛を分ける。

④綿打ち：綿打ち弓の弦《げん》を弾《はじ》いて綿の繊維をほぐす。

⑤篠巻《しのま》き：紡ぎやすいように細い棒に巻き、篠にする。

⑥糸紡《いとつむ》ぎ：篠になった綿を糸車で糸にする。

⑦カセ巻き：糸車から紡いだ糸をカセに巻き取る。

⑧カセから外した綿糸。

伝統の糸づくり

シルクの糸作り

通常、絹糸は年に5回取れるとされ、タイ・デーン族は各々の糸作りに名称を付けています。桑の葉が豊富に採れる乾季の、最も良質な糸が引けるパン・ナ・カオ（Pan Na Khao／収穫時の糸引き）、これに続き、パン・ハイ・モン（Pan Hai Mon／桑の葉が落ちるときの糸引き糸）、パン・ファ（Pan Fa／桑の葉が育ち始めるときの糸引き糸）、パン・ノン・モン（Pan Non Mon／パン・ファの後の糸引き）、パン・ヤーム・ナ（Pan Yarm Na／雨季の糸引き）と呼ばれています。糸の質は、後になるほど落ちてきます。

①蚕の幼虫と、えさの桑《くわ》の葉。

②繭と羽化《うか》した成虫：蚕は、桑の葉を食べて成長し、約28日間で繭を作る。

③糸引き：羽化する前の繭を湯の中に入れ、糸を引き上げ生糸《きいと》を作る。1頭の蚕が出す糸の長さは約400～500 m。引き上げた後、生糸はカセに巻かれる。

④カセから外した生糸：精錬（灰汁《あく》を入れた湯で生糸を煮る）した後に色を染める。

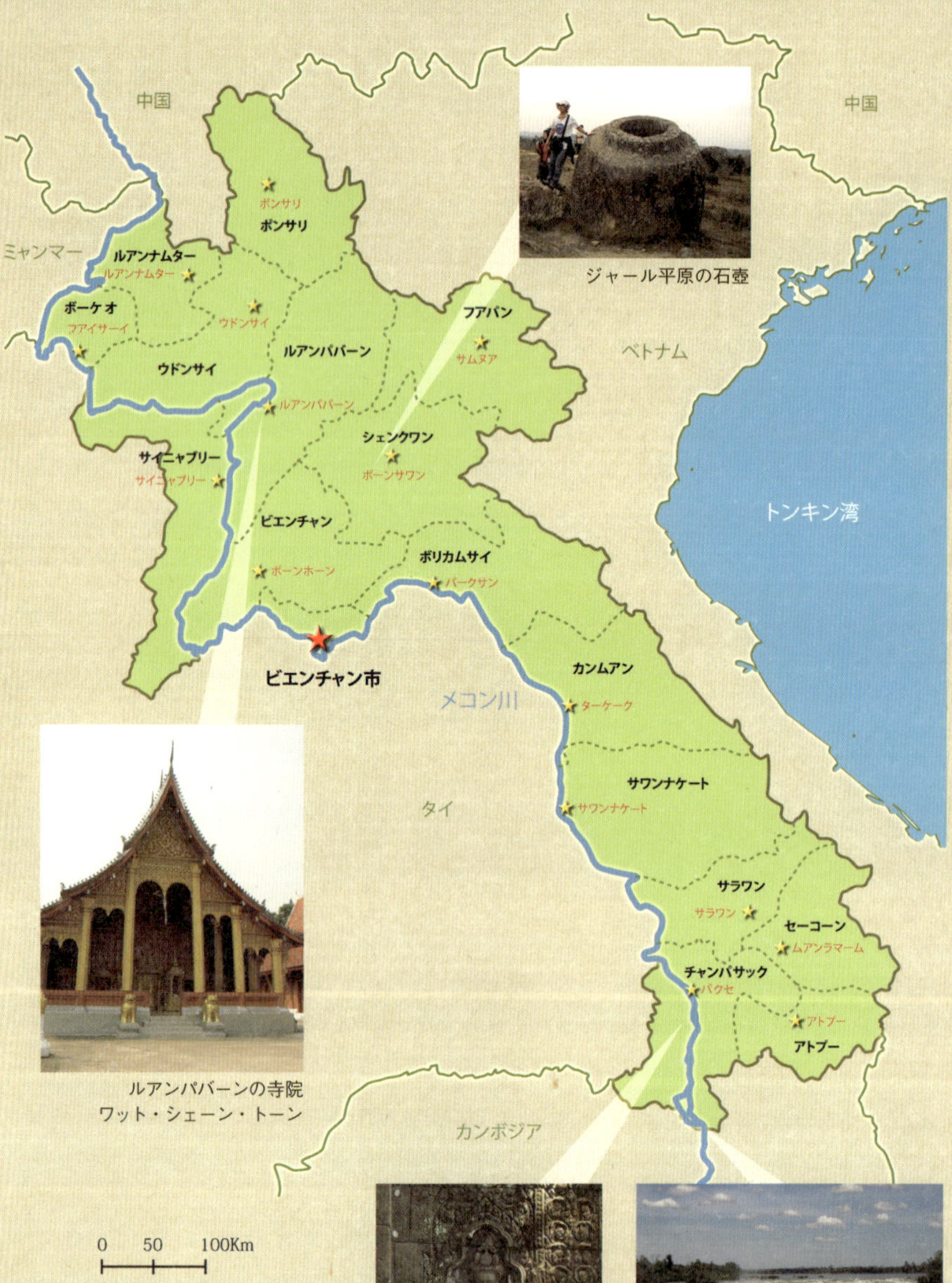

ジャール平原の石壺

ルアンパバーンの寺院
ワット・シェーン・トーン

ワットプー遺跡内の
デバター女神像

コーンの滝

ラオスの概要

国名	ラオス人民民主共和国（Lao People's Democratic Republic）
国旗（右）	
首都	ビエンチャン（Vientiane）
人口	652万1998人（2007年7月）
人口の構成	低地ラオ（Lao Loum）68%、中腹地ラオ（Lao Theung）22%、高地ラオ（Lao Soung）9%、ベトナム人と中国人1%
地理	国土面積約23万6800km^2（本州ぐらい）cf. 日本約37万8000km^2（ラオスの約1.6倍） インドシナ半島の内陸国で、海はない。メコン川が流れる。 山岳地帯が多い。最高峰ビア山（Phou Bia）：標高2817m
気候	熱帯モンスーン気候（雨季5～10月、乾季11～4月）
時差	標準時＋7時間、日本と－2時間差
言語	ラオス語（公用語）、フランス語、英語、民族ごとの言語
宗教	主に仏教、および精霊信仰
歴史	1353　ランサーン王国建国 1893　フランスの統治下に（以降56年間） 1907　シャム・仏条約により、現在のラオス境界となる 1945　日本軍によるフランスからの独立 1949　ラオス独立（フランス連邦内）7月19日＆内戦の始まり 1955　ラオス人民党設立、3月に日本とラオスの外交関係樹立 1975　無血革命、民主共和国成立（4月、ベトナム戦争終わる） 1986　対外投資法の自由化スタート 1996　ASEANに加入
教育	5・3・3制（義務教育5年）、識字率68.7%（2001年）
平均寿命	平均：55.89歳、男：53.82歳、女：58.04歳（2007年）
政治	人民民主共和制　一院制（代議員数115名）
徴兵制	15歳以上に最短18ヵ月の兵役義務（2006年）
GDP	27億7300万ドル、1人当たり2200ドル（2006年）
経済状況	1986年より政府は中央集権を弱め、民間企業奨励策を始める。 経済成長率は1988～2006年に平均6%の高成長率を達成。 しかし、インフラの整備が遅れ、道路網の整備など日本からの援助を受けている。 現状、電気が通じているのは市街化区域のみとなっている。 自給自足農業でGDPの半分と雇用人口の80%を占める。 IMFや外資の投資は電力や鉱業が多い。 付加価値税（消費税）の実施が近年予定されている。
通貨単位	キープ＝KIP（LAK）
天然資源	木材、水力発電、石膏、すず、金、宝石
農産物	ジャガイモ、野菜、麦、コーヒー、サトウキビ、タバコ、綿、お茶、南京豆、米、水牛、豚、鶏
産業	銅、すず、石膏、木材、水力発電、農処理、建築、衣類、観光、セメント
輸出	衣類、木材、コーヒー、電力、すず 輸出国：タイ41%，ベトナム9.7%，中国4.1%，マレーシア4%（2006年）
輸入	機械製品、車、燃料、一般消耗品 輸入国：タイ68.8%，中国11.3%，ベトナム5.5%（2006年）
環境問題	不発弾、森林破壊、土壌浸食、衛生的な飲料水の不足

著者プロフィール

木村　都

1991年よりラオス伝統染織の維持を目的とするボランティアグループ・アイザを設立。1997年にミアザを設立後、毎年、染織ワークショップなどの定例プログラムのほか、東京を中心に展示会、レクチャーを開催。東京理科大応用物理科卒。

染織に関する著作に、展示カタログ「ラオスの布 Cloths of Laos」（1999）および「ラオスのシン（skirt）」（2002）、「ラオスの文化と織り」（2001年9月講演要旨）などがある。

ヴィエンカム・ナンサヴォンドァンシイ

1986年より、ビエンチャン近郊のペンマイ・ギャラリーを姉のコントンと運営。5、6歳から母親に織りを習い始め、これまでに1000枚以上の「シン」を織ってきた染織家。ギャラリーではラオス人および外国人に向けた染織指導も行っている。ビエンチャン教育大学英語科卒。

著書に「Sinh and Lao Women」「Weaving Cloths Weaving Naga」「Weave on Our Great Grandmother's Loom」および「Legends in the Weaving」（共著）など。

布が語るラオス

伝統スカート「シン」と染織文化

2008年10月13日　初版第1刷

著者　木村　都
　　　ヴィエンカム・ナンサヴォンドァンシィ
発行者　村上泰子
発行　株式会社進栄堂出版
発売　株式会社コスモの本
　　　〒167-0053　東京都杉並区西荻南3-17-16
　　　電話　03-5336-9668
印刷・製本　株式会社シナノ

落丁本・乱丁本はお取り替えします。

定価はカバーに表示してあります。


ISBN978-4-906380-85-5 C0072